正の数・負の数

合格点 80点　得点　　点

解答 ➡ P.105

1 次の□にあてはまることばや数を入れなさい。（5点×6）

(1) 0より小さい数を□といい，0より8小さい数は□である。

(2) 地点Pから北へ14m移動することを+14mと表すことにすると，南へ30m移動することは□と表される。

(3) 絶対《ぜったい》値《ち》が7になる数は，□と□で

0の絶対値は□である。

2 次の数直線上で，①，②にあたる数を答えなさい。また，③ 0，④ +0.5，⑤ $-4\frac{1}{2}$ を表す点を数直線上に↓でしるしなさい。（6点×5）

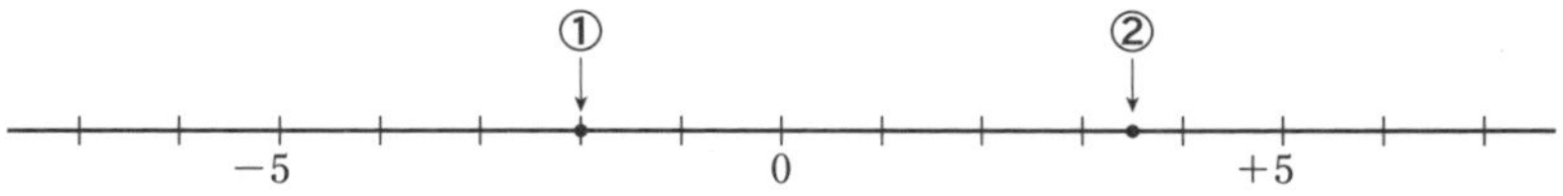
①
②
−5
0
+5

3 次の問いに答えなさい。

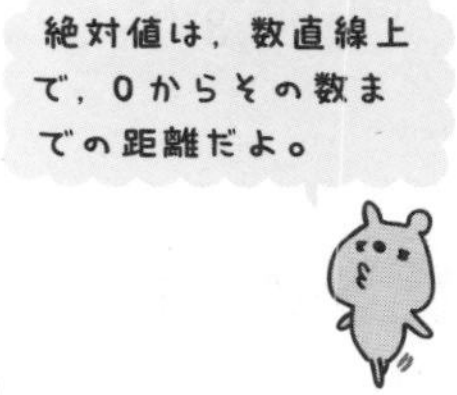
絶対値は，数直線上で，0からその数までの距離だよ。

(1) 次の数の絶対値を答えなさい。（8点×2）

① −9　　② −3.5

(2) 絶対値が4より小さい整数をすべて答えなさい。（12点）

4 次の各組の数の大小を，不等号を使って表しなさい。（6点×2）

(1) +3，−8　　(2) −11，−4

月　日

数学 2

正の数・負の数の加減

合格点 80点
得点　点
解答 ➡ P.105

1 次の計算をしなさい。(6点×6)

(1) $(-9)+(-4)$

(2) $(+6)+(-12)$

(3) $(-5)+(+8.6)$

(4) $(-5.3)+(-3.8)$

(5) $\left(+\frac{1}{3}\right)+\left(-\frac{3}{4}\right)$

(6) $(+3)+(-7)+(+5)+(-9)$

2 次の計算をしなさい。(6点×6)

(1) $(-7)-(+5)$

(2) $(-6)-(-9)$

(3) $(-9.5)-(+4.6)$

(4) $(-0.7)-(-0.6)$

(5) $\left(-\frac{5}{8}\right)-\left(+\frac{3}{8}\right)$

(6) $\left(-\frac{3}{2}\right)-\left(-\frac{3}{4}\right)$

3 次の計算をしなさい。(7点×4)

(1) $-5+7-14+8$

(2) $(-21)+15-(-7)$

(3) $-7.1-(-2.9)+(-3.7)-6.3$

(4) $-\frac{2}{3}-\left(-\frac{3}{4}\right)+3+\left(-\frac{5}{6}\right)$

月　日

正の数・負の数の乗除

合格点 80点

得 点　　点

解答 ➡ P.105

1 次の計算をしなさい。(6点×4)

(1) $(+3)\times(-9)$

(2) $(-8)\times(-7)$

(3) -6^2

(4) $(-5)\times(-3)^2$

2 次の計算をしなさい。(6点×4)

(1) $(-36)\div(-4)$

(2) $(+52)\div(-13)$

(3) $\left(-\frac{6}{7}\right)\div 3$

(4) $\left(-\frac{5}{12}\right)\div\left(-\frac{1}{6}\right)$

3 次の計算をしなさい。(7点×4)

(1) $(-6)\div 8\times(-4)$

(2) $18\div\left(-\frac{6}{5}\right)\times\left(-\frac{4}{5}\right)$

(3) $\left(-\frac{1}{3}\right)\div\left(-\frac{3}{4}\right)\div\left(-\frac{2}{9}\right)$

(4) $(-8)^2\div(-2^3)\div\left(-\frac{16}{3}\right)$

4 次の数を素数の積の形に表しなさい。(8点×3)

(1) 18

(2) 60

(3) 108

数学 4

正の数・負の数の計算

合格点 80点

得点　　点

解答 ➡ P.105

1 次の計算をしなさい。(8点×4)

(1) $(-18)-(-8)\times 2$

(2) $-47-(-8^2)$

(3) $-16\div\frac{4}{5}+\left(-\frac{5}{9}\right)\times 27$

(4) $13\times\left(-\frac{1}{2}\right)^3-\frac{5}{12}\div\left(-\frac{10}{3}\right)$

2 次の計算をしなさい。(8点×2)

(1) $(-3)\times(-8+15)$

(2) $(-6)^2\div(7-4^2)-(-15)$

3 分配法則を利用して，次の計算をしなさい。(10点×2)

(1) $\left(\frac{5}{6}+\frac{7}{3}\right)\times(-12)$

(2) $(-14)\times\left(-\frac{28}{23}\right)+(-14)\times\frac{5}{23}$

4 次の(1)〜(4)の計算が，いつでもできる数の集合を，**ア**〜**ウ**の中からすべて選びなさい。ただし，0 でわることは考えないものとします。(8点×4)

ア 自然数　**イ** 整数　**ウ** 分数の形に表せる数

(1) $a+b$

(2) $a-b$

(3) $a\times b$

(4) $a\div b$

数学

5 文字と式

合格点 80点
得点　　点
解答 ➡ P.106

1 次の式を，文字式の表し方にしたがって表しなさい。（6点×6）

(1) $y\times6\times x$

(2) $(a-b)\times3$

(3) $m\times9+(-1)\times n$

(4) $x\times x\times(-5)\times y\times x\times y$

(5) $7\div p$

(6) $4\times x\div y$

2 次の式を，×や÷の記号を使って表しなさい。（7点×4）

(1) $5x^2y$

(2) $\dfrac{8b}{a}$

(3) $3m-\dfrac{n}{4}$

(4) $\dfrac{a+b}{12}$

3 次の数量を，文字を使った式で表しなさい。（9点×4）

(1) 底辺が $a$cm，高さが $b$cm の平行四辺形の面積

(2) 1 個 50 円の消しゴム x 個と 1 本 80 円の鉛筆《えんぴつ》を 3 本買ったときの代金

(3) クッキー 30 個を，2 個ずつ x 人に配ったときの残ったクッキーの数

(4) 毎時 4km の速さで a 時間歩き，その後毎時 $b$km の速さの自転車で 2 時間進んだときの全体の進んだ道のり

月　　日

数学

6 式の計算

合格点 80点

得点　　点

解答 ➡ P.106

1 $x=-3$ のとき，次の式の値《あたい》を求めなさい。（5点×4）

(1) $4x+7$

(2) $-3x-12$

(3) $2x^2$

(4) $-\frac{6}{x}+4$

2 $a=2$，$b=-5$ のとき，次の式の値を求めなさい。（6点×4）

(1) $3a+2b$

(2) $b-a+4$

(3) $-8a-3b$

(4) $\frac{6}{a}-b$

3 次の計算をしなさい。（6点×4）

(1) $-5x-6+7x-9$

(2) $(6a-7)-(-4+a)$

(3) $(4a-7)\times(-3)$

(4) $(42x-30)\div(-6)$

4 次の計算をしなさい。（8点×4）

(1) $9x-4(7-2x)$

(2) $-2(x-8)+5(x+3)$

(3) $4a-10-\frac{1}{3}(18a-6)$

(4) $\frac{2}{3}(6x+9)-\frac{3}{5}(20x-5)$

数学 7

月　日

関係を表す式

合格点 80点

得点　点

解答 ➡ P.106

1 次の問いに答えなさい。ただし，円周率は π とします。

(1) 半径 $r$cm の円の，周の長さ ℓ cm と面積 Scm^2 を求める公式をそれぞれつくりなさい。（10点×2）

(2) 右の図のように，同じ点Oを中心とする半径 $a$cm と半径 $b$cm（$a<b$）の2つの円があります。色のついた部分の面積を Scm^2 とするとき，S を a，b，π を使って表しなさい。（20点）

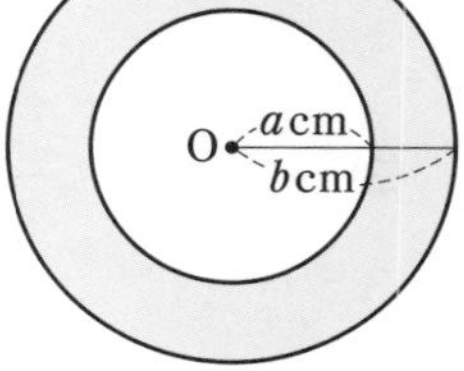

2 次の数量の関係を等式で表しなさい。（15点×2）

(1) 1本 a 円の鉛筆《えんぴつ》4本の代金と，1個 b 円の消しゴム5個の代金は等しい。

(2) 50g の品物 x 個と 100g の品物2個の重さの合計は 350g である。

3 次の数量の関係を不等式で表しなさい。（15点×2）

(1) 動物園の入園料は，大人1人 a 円，子ども1人 b 円で，大人3人の入園料は子ども5人の入園料より高い。

(2) 1枚 ag の封筒《ふうとう》の中に1枚 bg の便せんを8枚入れた重さは，50g より軽い。

数学 8

方程式と解

合格点 80点
得点　　点

解答 ➡ P.106

1 次の問いに答えなさい。(12点×3)

(1) -1, 0, 1 のうち，方程式 $4x+3=-1$ の解はどれですか。

(2) 0, 1, 2, 3 のうち，方程式 $5x-2=2x+4$ の解はどれですか。

(3) -3, -2, -1, 0 のうち，方程式 $3x-5=7x+3$ の解はどれですか。

2 等式の性質を用いて，次の方程式を解きました。□にあてはまる数を入れなさい。(4点×16)

(1) $x-9=5$

両辺に□をたして，

$x-9+$□$=5+$□

$x=$□

(2) $x+4=-8$

両辺から□をひいて，

$x+4-$□$=-8-$□

$x=$□

(3) $-4x=10$

両辺を□でわって，

$-4x\div($□$)=10\div($□$)$

$x=$□

(4) $\frac{x}{3}=-9$

両辺に□をかけて，

$\frac{x}{3}\times$□$=-9\times$□

$x=$□

数学 9 1次方程式の解き方

合格点 80点
得点 　点
解答 ➡ P.107

1 次の方程式を解きなさい。(8点×4)

(1) $x-7=2$

(2) $2x-5=-9$

(3) $5x+4=8x+7$

(4) $5-2x=4x+8$

2 次の方程式を解きなさい。(8点×6)

(1) $3x-14=2(3-x)$

(2) $-1-4(3x+4)=7$

(3) $0.7x+0.5=-1.6$

(4) $0.9x+1.53=1.7x-0.87$

(5) $\frac{1}{3}x-7=\frac{3}{2}x$

(6) $\frac{4x+1}{3}=\frac{-x+14}{4}$

3 次の比例式を解きなさい。(10点×2)

(1) $x:28=5:7$

(2) $5:2=(x-2):6$

月　日

1次方程式の利用

合格点 80点

得点　点

解答 ➡ P.107

1 x についての方程式 $6x+10+9a=7$ の解が -5 のとき，a の値《あたい》を求めなさい。（20点）

2 1個50円のみかんと1個80円のりんごを合わせて14個買ったところ，その合計金額は850円でした。このとき，次の問いに答えなさい。

（20点 × 2）

(1) 買ったみかんの個数を x 個として，方程式をつくりなさい。

(2) 買ったみかんとりんごの個数をそれぞれ求めなさい。

3 弟が，2km 離《はな》れた駅に向かって家を出発しました。その6分後に，兄は家を出発して弟を追いかけました。弟の歩く速さを毎分50m，兄の歩く速さを毎分70m とすると，兄が家を出発してから何分後に弟に追いつきますか。（20点）

4 文房具《ぶんぼうぐ》店に，ノートを買いに行きました。持っている金額で，安いほうのノートを買うと，6冊買えて70円余ります。また，このノートより50円高いノートを買うと，4冊買えて30円余ります。安いほうのノート1冊の値段と，持っている金額を求めなさい。（20点）

比　例

合格点 80点
得点　　点
解答 ➡ P.107

1 y は x に比例し，$x=4$ のとき $y=-28$ です。このとき，次の問いに答えなさい。（11点 × 3）

(1) y を x の式で表しなさい。

y が x に比例するとき，式は $y=ax$ で表されるよ。

(2) $x=-3$ のときの y の値《あたい》を求めなさい。

(3) $y=49$ のときの x の値を求めなさい。

2 深さ25cmの直方体の水そうに，水を8L入れたら，水の深さは2cmになりました。この水そうに水を xL入れるときの水の深さを $y$cmとするとき，次の問いに答えなさい。

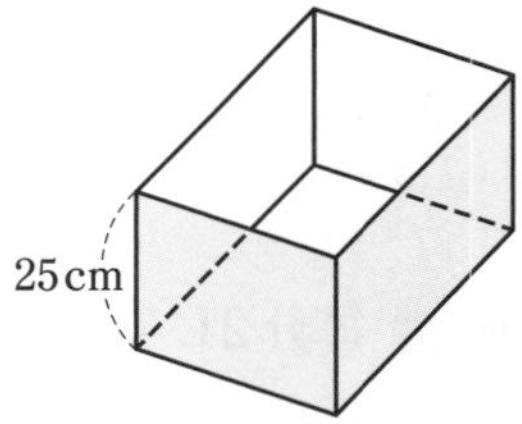

(1) y を x の式で表しなさい。（11点）

(2) x の変域《へんいき》と y の変域を，それぞれ不等号を使って表しなさい。（6点 × 2）

3 次の問いに答えなさい。（11点 × 4）

(1) 次の①，②のグラフを，右の図にかきなさい。

① $y=2x$　　　② $y=-\frac{1}{3}x$

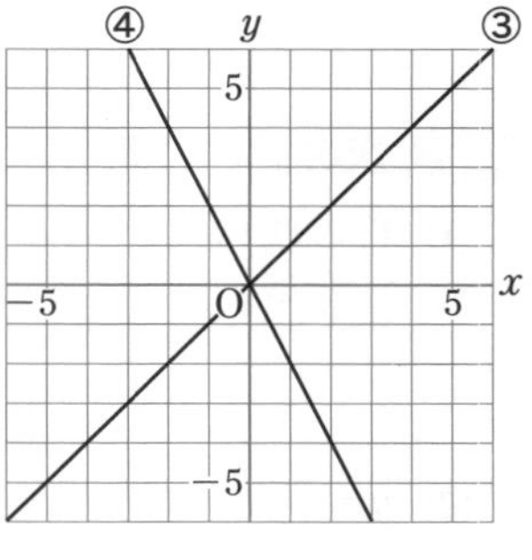

(2) 右の図の③，④のグラフについて，y を x の式で表しなさい。

月　　日

数学

12 反比例

合格点 80点

得点 　　点

解答 ➡ P.108

1 次の(1),(2)について，y は x に反比例します。y を x の式で表しなさい。また，その比例定数をいいなさい。(6点×4)

(1) 90cm のテープを x 等分すると，1本の長さは $y$cm になる。

(2) 面積が 24cm^2 の三角形の底辺を $x$cm，高さを $y$cm とする。

2 y は x に反比例し，$x=3$ のとき $y=-6$ です。このとき，次の問いに答えなさい。(12点×2)

(1) y を x の式で表しなさい。

(2) $x=-9$ のときの y の値《あたい》を求めなさい。

3 毎分 2L ずつ水を入れると，30 分間でいっぱいになる水そうがあります。毎分 xL ずつ水を入れるとき，いっぱいになるまでに y 分かかるとして，次の問いに答えなさい。(13点×2)

(1) y を x の式で表しなさい。

(2) x の変域《へんいき》が $6 \leqq x \leqq 15$ のときの y の変域を求めなさい。

4 次の問いに答えなさい。(13点×2)

(1) 右の図の反比例のグラフについて，y を x の式で表しなさい。

(2) $y=\dfrac{12}{x}$ のグラフを，右の図にかきなさい。

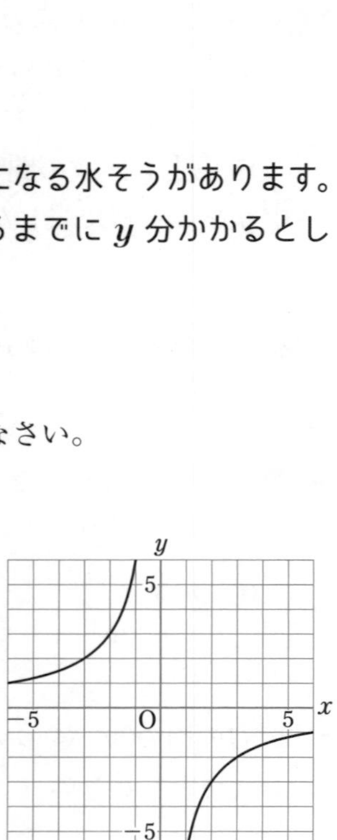

数学

13 比例・反比例の利用

合格点 80点
得点　　点
解答 ➡ P.108

1 兄と弟が同時に家を出発し，家から1200m離《はな》れた学校へ行きます。弟は毎分60m，兄は毎分80mの速さで歩くとき，次の問いに答えなさい。

(1) 兄と弟がそれぞれ歩くときの時間と歩いた距離《きょり》を表すグラフを，右の図にかきなさい。（8点×2）

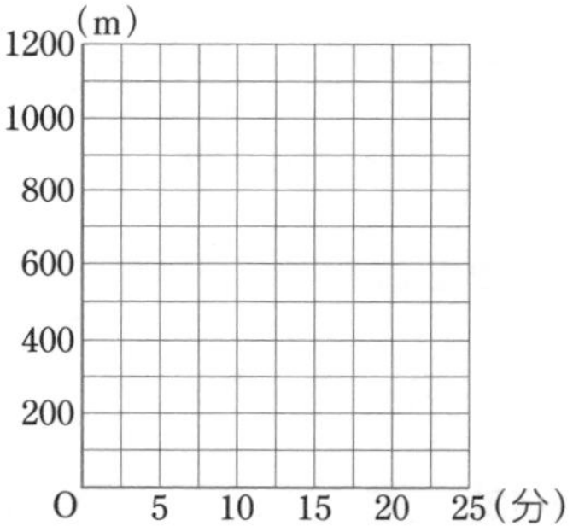

(2) (1)のグラフを利用して，次の問いに答えなさい。（16点×2）

① 兄が学校に着いてから何分後に，弟が学校に着きますか。

② 兄が学校に着いたとき，弟は学校まであと何mのところにいますか。

2 自動車が，ある道のりを時速42kmで走ったところ，1時間かかりました。同じ道のりを自転車で走ったところ，3時間かかりました。このときの自転車の時速を求めなさい。（16点）

3 右の図のような長方形ABCDで，点Pは辺CD上をCからDまで動きます。CPを$x$cm，三角形BCPの面積を$y\text{cm}^2$として，次の問いに答えなさい。

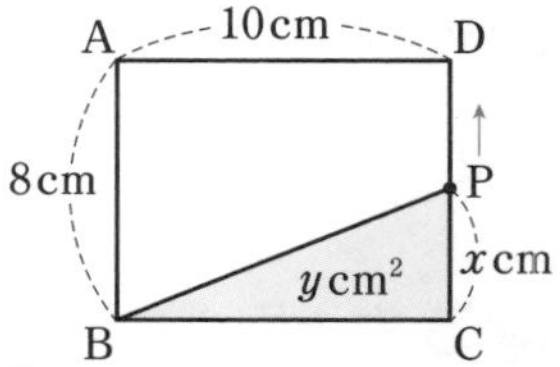

(1) yをxの式で表し，そのグラフを右の図にかきなさい。（9点×2）

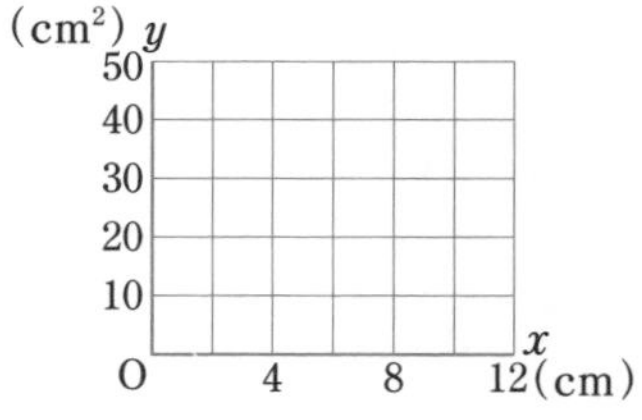

(2) 三角形BCPの面積が30cm^2のとき，CPの長さを求めなさい。（18点）

直線と角

合格点 80点
得点 点
解答 ➡ P.108

1 右の図について，□にあてはまることばや数や記号を入れなさい。（6点×8）

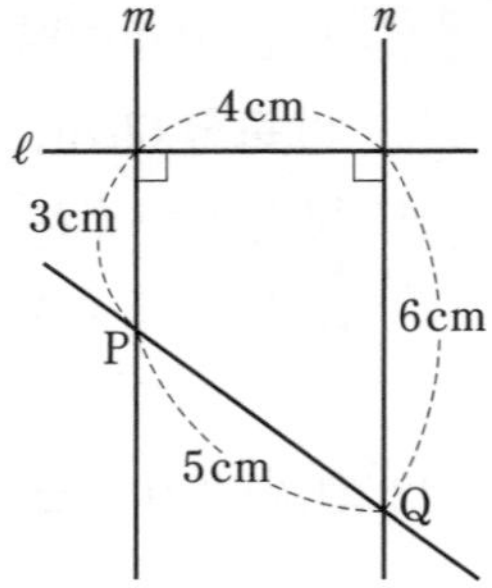

(1) 2 直線 ℓ，m は□である。このとき，その一方を他方の□という。

(2) 2 直線 m，n は□であり，記号を使って，m□n と表す。

(3) 点 P と直線 n との距離《きょり》は□cm である。

(4) 2 点 P，Q を通る直線を直線□と表す。また，この直線のうち，P から Q までの部分を□PQ という。PQ=□cm である。

2 右の図で，∠AOB を半直線 OC で 2 等分したとき，□にあてはまることばや記号を入れなさい。（8点×3）

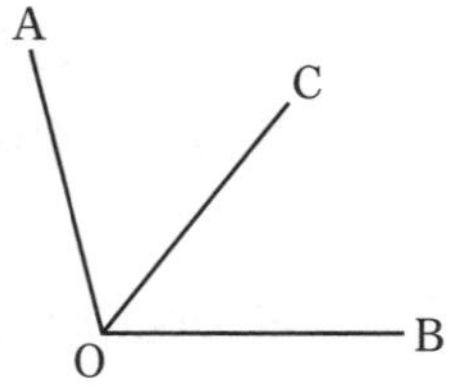

(1) この半直線 OC を ∠AOB の□という。

(2) ∠AOC=∠□$=\frac{1}{2}$∠□

3 右の図の二等辺三角形 ABC について，□にあてはまることばや数や記号を入れなさい。（7点×4）

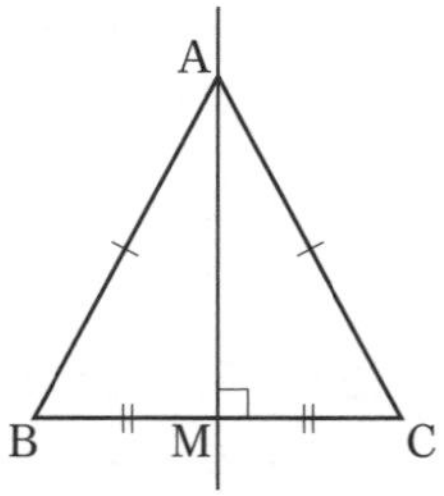

(1) AB□AC　　(2) BC□AM

(3) 点 M は辺 BC の□であるといい，

BM=CM=□BC

月　日

合格点 80点
得点　点

解答 ➡ P.109

図形の移動

1 図形の平行移動について，次の問いに答えなさい。

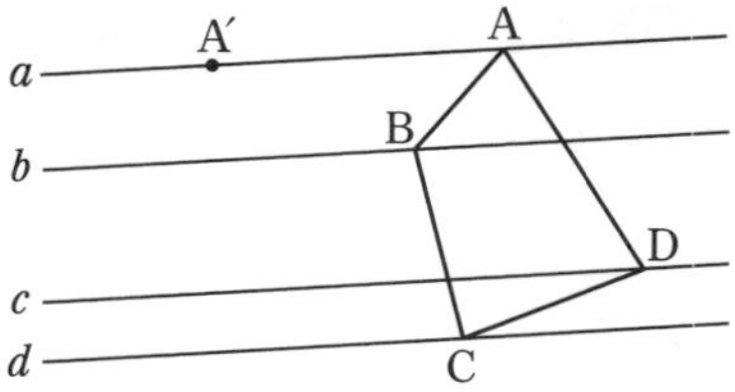

(1) 右の図は，四角形 ABCD を平行移動した四角形 A′B′C′D′ をかいている途中《とちゅう》の図です。$a \parallel b \parallel c \parallel d$ のとき，四角形 A′B′C′D′ を完成させなさい。(20点)

(2) (1)の結果，線分 AA′ と BB′ の関係を，2つの式で表しなさい。(15点)

2 図形の対称《たいしょう》移動について，次の問いに答えなさい。

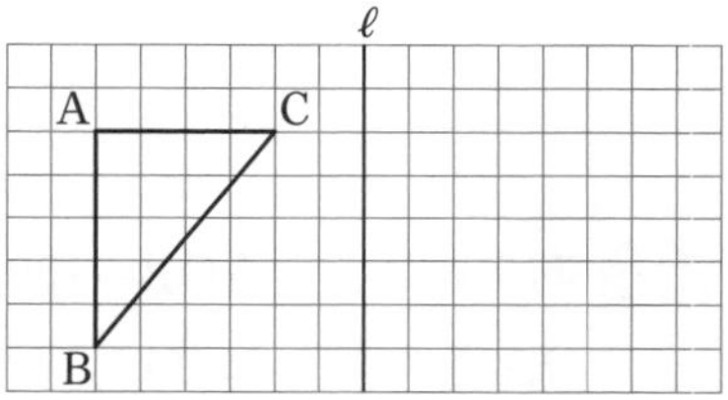

(1) 右の図の △ABC を，直線 ℓ を軸《じく》として対称移動してできる △A′B′C′ をかきなさい。(20点)

(2) (1)の結果，線分 BB′ と直線 ℓ はどのように交わっていますか。また，直線 ℓ と点 B，点 B′ までの距離《きょり》はどのような関係にありますか。(5点×2)

(3) △ABC を辺 AB を軸として対称移動し，点 C が移った点を D とします。このとき，△BCD はどんな三角形になりますか。(15点)

3 右の図で，△ABC を点 O を中心として，180°回転移動してできる △A′B′C′ をかきなさい。(20点)

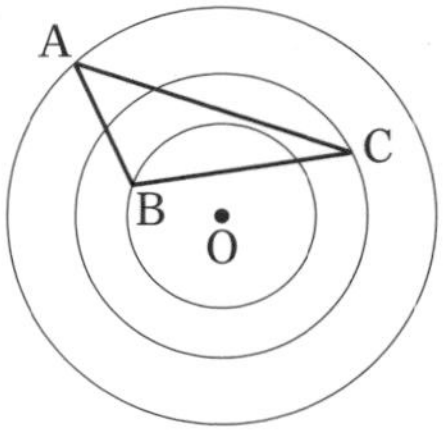

数学 16 基本の作図

合格点 75点

得点　　点

解答 ➡ P.109

1 右の図で，次の直線を作図しなさい。（25点 × 2）

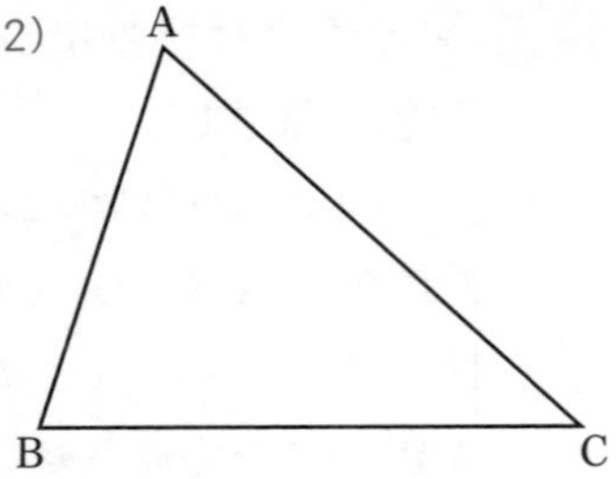

(1) ∠A の二等分線

(2) 頂点 B から辺 CA への垂線

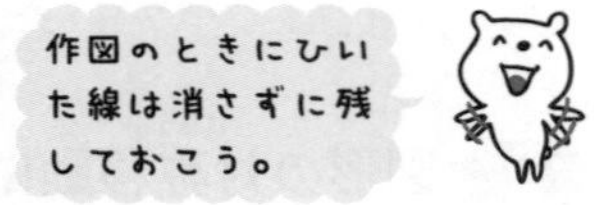

作図のときにひいた線は消さずに残しておこう。

2 右の図で，∠AOB＝150°となる半直線 OA を作図しなさい。（25点）

3 右の図で，点 P を通り，直線 ℓ と点 A で接する円を作図しなさい。（25点）

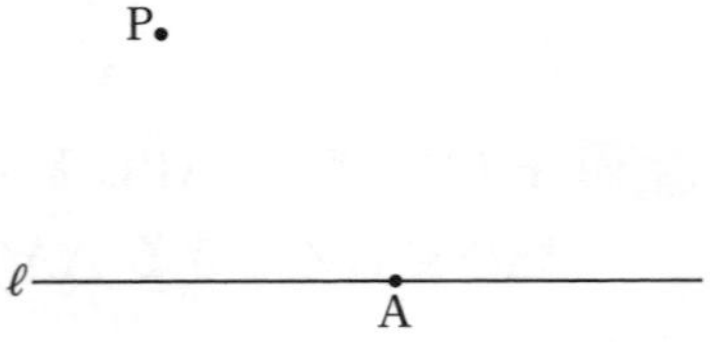

ℓ

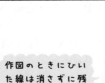

月　日

合格点 80点

得点　　点

解答 ➡ P.109

円とおうぎ形

1 半径7cmの円の周の長さと面積を求めなさい。ただし，円周率はπとします。（7点×2）

2 下の図のおうぎ形の弧《こ》の長さと面積をそれぞれ求めなさい。ただし，円周率はπとします。（7点×4）

(1)

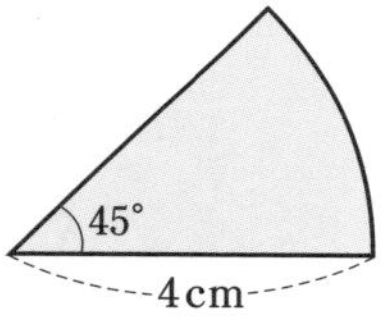

(2)

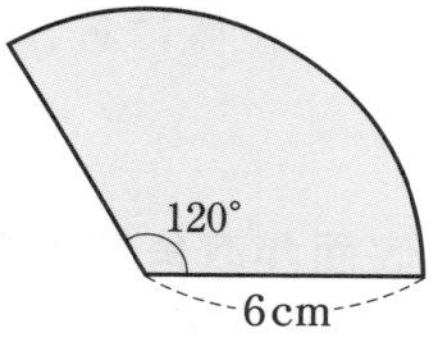

3 次の問いに答えなさい。ただし，円周率はπとします。（14点×2）

(1) 半径8cm，中心角135°のおうぎ形の面積を求めなさい。

(2) 半径12cm，弧の長さ6πcmのおうぎ形の中心角を求めなさい。

4 右の図で，色のついた部分のまわりの長さと面積をそれぞれ求めなさい。ただし，円周率はπとします。

（15点×2）

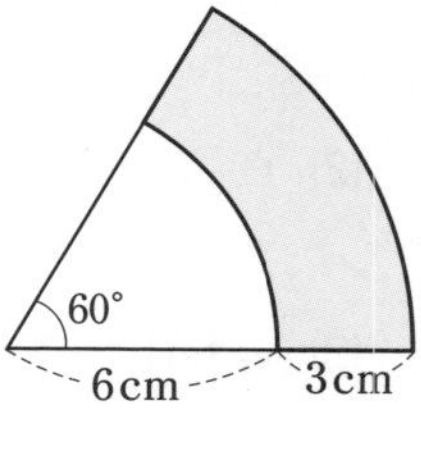

月　　日

直線や平面の位置関係

合格点 80点
得点　　点
解答 ➡ P.110

1 右の図の直方体について，次の(1)~(3)にあてはまるものをすべていいなさい。（9点×3）

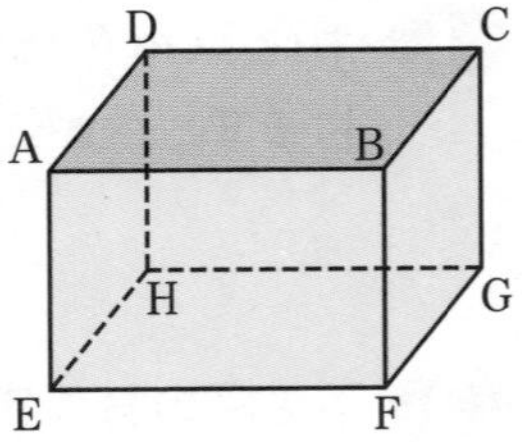

(1) 辺 AE と平行な辺

(2) 辺 BC と垂直な辺

(3) 辺 AD とねじれの位置にある辺

2 右の図は，底面が直角三角形の三角柱です。次の(1)~(3)にあてはまるものをすべていいなさい。（11点×3）

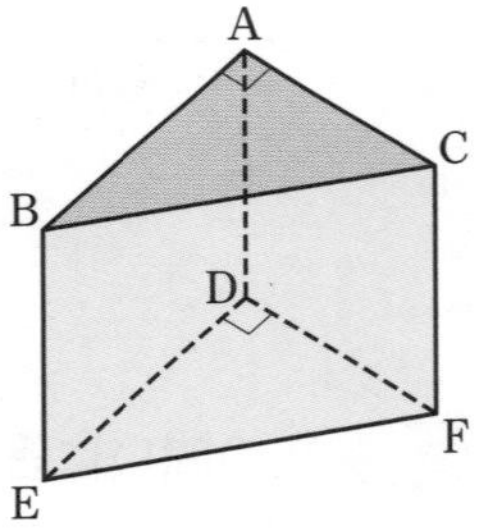

(1) 面 ABC と平行な辺

(2) 面 ADFC と垂直な面

(3) 辺 BC とねじれの位置にある辺

3 右の図は，立方体の展開図です。次の問いに答えなさい。

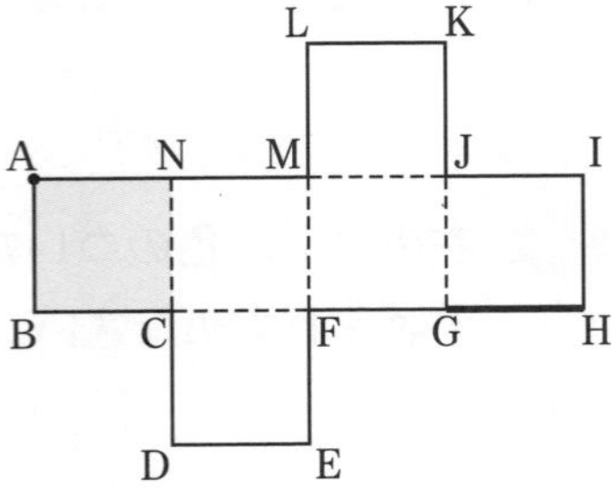

(1) 面 ABCN と平行な面はどれですか。（10点）

(2) 点 A と重なる点をすべてあげなさい。（15点）

(3) 辺 GH と重なる辺はどれですか。（15点）

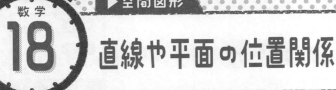

月　日

数学

19 いろいろな立体

合格点 80点
得点　点

解答 ➡ P.110

1 正三角錐《せいさんかくすい》について，次の問いに答えなさい。(10点×4)

(1) 底面はどんな形ですか。

(2) 側面はいくつありますか。また，側面はどんな形ですか。

(3) すべての辺の長さが等しくなると，何という立体になりますか。

2 次の投影《とうえい》図《ず》で表される立体は何か答えなさい。(10点×3)

(1)

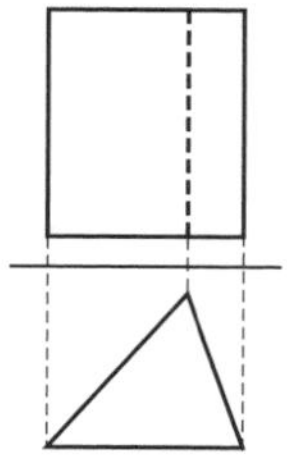

(2)

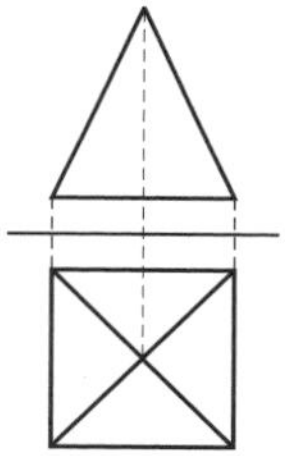

(3)

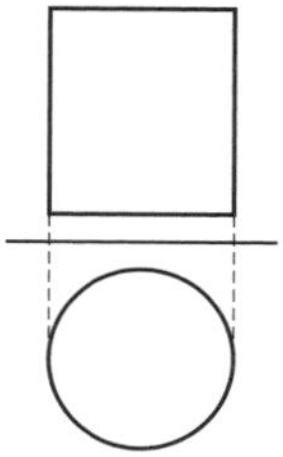

3 次の図の立方体を，AB を通る平面で切断するとき，切り口が(1)～(3)の図形になるのは，それぞれどのように切るときですか。図にかき入れなさい。(10点×3)

(1) 二等辺三角形

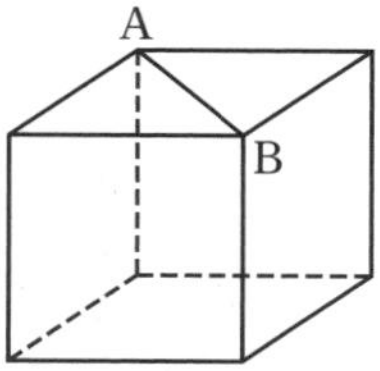

(2) 長方形

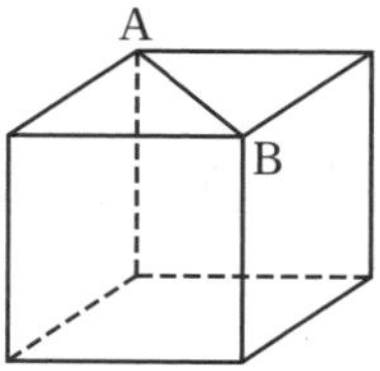

(3) 台形

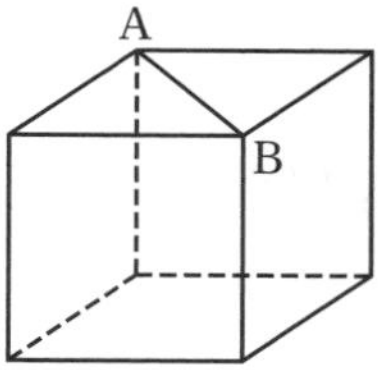

月　日

数学 20

立体の表面積と体積①

合格点 80点

得点　点

解答 ➡ P.110

1 右の図のような，底面が直角三角形の三角柱があります。これについて，次の問いに答えなさい。（15点×2）

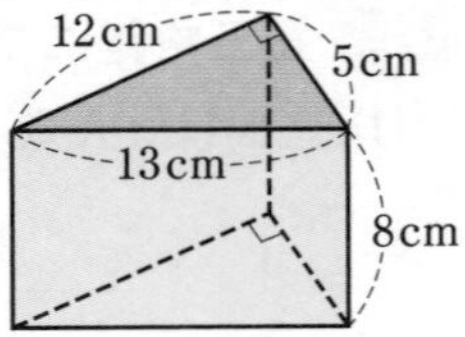

(1) 側面積を求めなさい。

(2) 表面積を求めなさい。

2 右の図のような円柱の表面積を求めなさい。ただし，円周率は π とします。（20点）

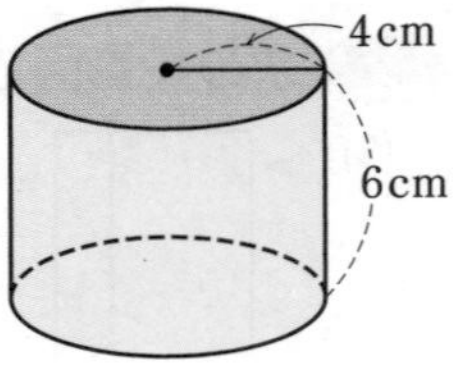

3 右の図のような円錐《えんすい》について，次の問いに答えなさい。ただし，円周率は π とします。（15点×2）

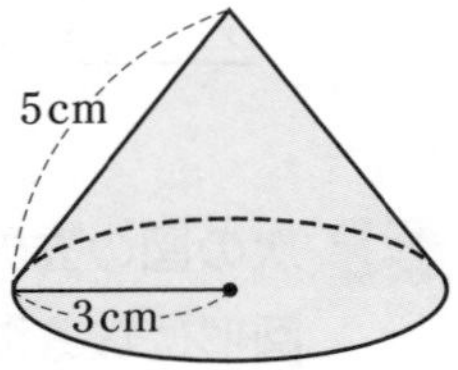

(1) 側面積を求めなさい。

(2) 表面積を求めなさい。

4 右の図のような正四角錐の表面積を求めなさい。（20点）

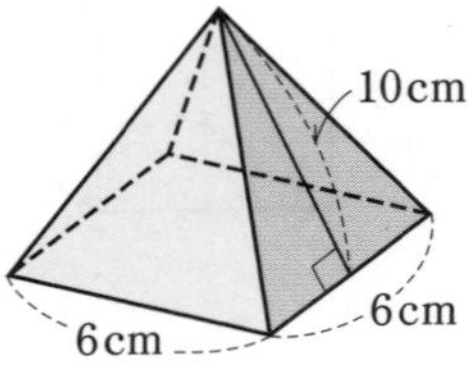

月　日

立体の表面積と体積②

合格点 80点

得点　　点

解答 ➡ P.111

1 次の角柱，円柱の体積を求めなさい。ただし，円周率は π とします。

（15点 × 2）

(1)

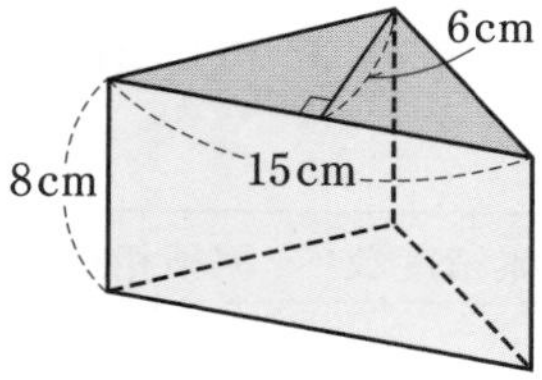

(2)

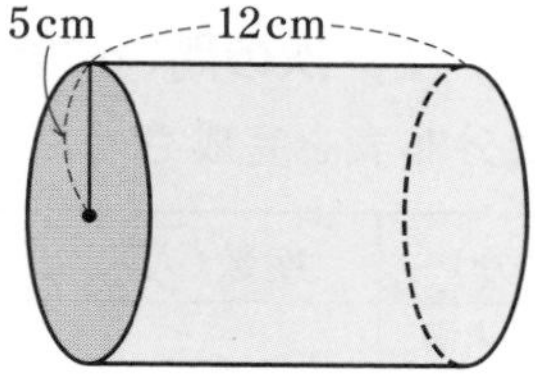

2 次の角錐《かくすい》，円錐の体積を求めなさい。ただし，円周率は π とします。

（15点 × 2）

(1)

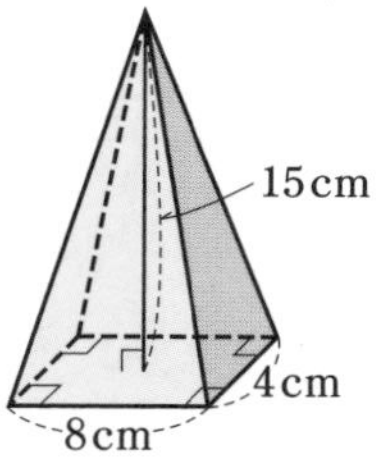

(2)

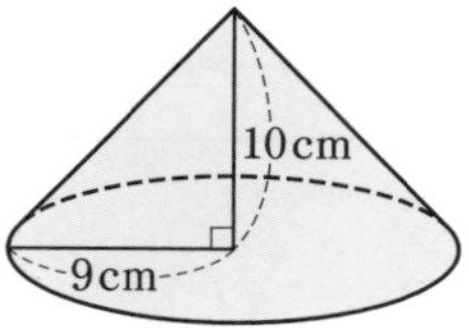

3 右の図のような，長さが 12cm の線分 AB を直径とする半円 O があります。この半円 O を，線分 AB を軸《じく》として 1 回転してできる立体について，次の問いに答えなさい。ただし，円周率は π とします。

（20点 × 2）

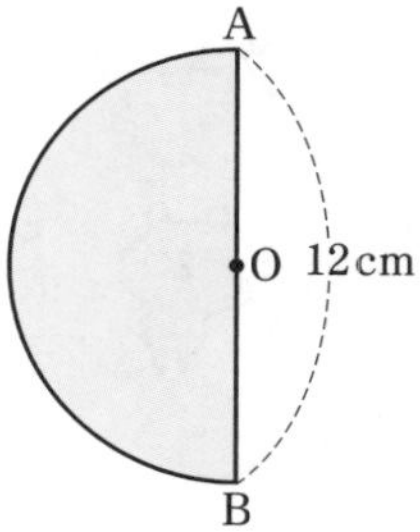

(1) 表面積を求めなさい。

(2) 体積を求めなさい。

月　　日

数学 22 資料の整理

合格点 80点

得　点　　　点

解答 ➡ P.111

1 右の表は，20 人の生徒の通学にかかる時間(単位：分)を調べたものです。これについて，次の問いに答えなさい。

18	24	13	7	35	20	12
27	15	42	30	18	5	25
19	26	37	14	21	15	

(1) 次の度数《どすう》分布《ぶんぷ》表《ひょう》を完成させなさい。(3点×22)

時間(分)	度数(人)	相対度数	累積《るいせき》度数	累積相対度数
以上　未満				
0 ～ 10				
10 ～ 20				
20 ～ 30				
30 ～ 40				
40 ～ 50				
計				

(2) (1)でつくった度数分布表を，右のヒストグラムに表しなさい。(17点)

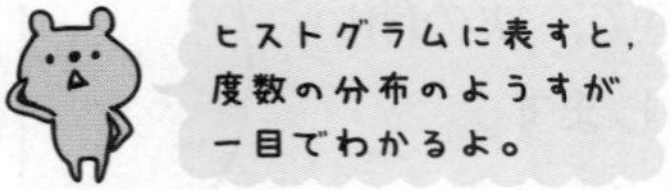

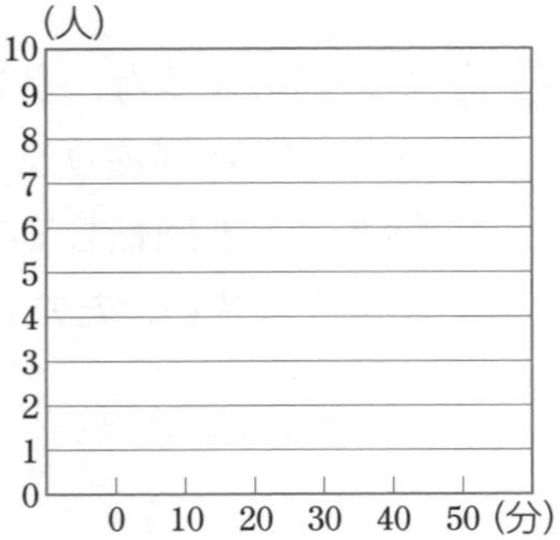

(3) 通学にかかる時間の範囲《はんい》を答えなさい。

(17点)

世界と日本の地域構成

合格点 80点
得点　点
解答 ➡ P.111

1 次の地図を見て，あとの各問いに答えなさい。(7点 × 8)

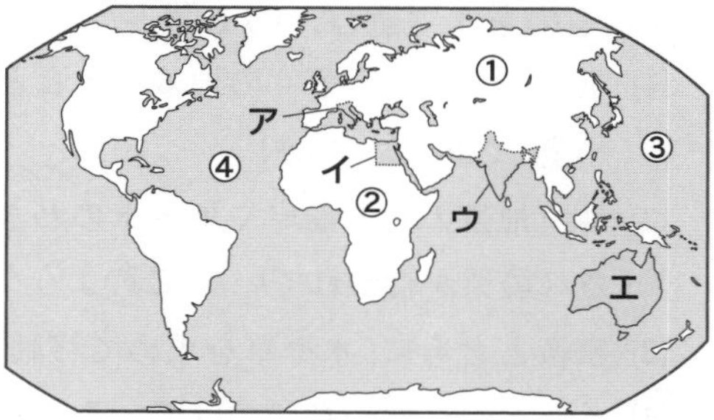

(1) 地図中の①・②の大陸名を答えなさい。①[　　　　]大陸
②[　　　　]大陸

(2) 地図中の③・④の海洋名を答えなさい。③[　　　　]
④[　　　　]

(3) 次の各文の説明にあてはまる国を，地図中の**ア**～**エ**から１つずつ選びなさい。

① 世界第２位(2017年)の人口をもち，牛を神聖な動物としている。[　　]

② １つの大陸が１つの国になっている。[　　]

③ 国境には経線と緯線《いせん》が利用されている。[　　]

④ 首都のローマの中に，面積が世界最小(2015年)の国がある。[　　]

2 次の地図を見て，あとの各問いに答えなさい。

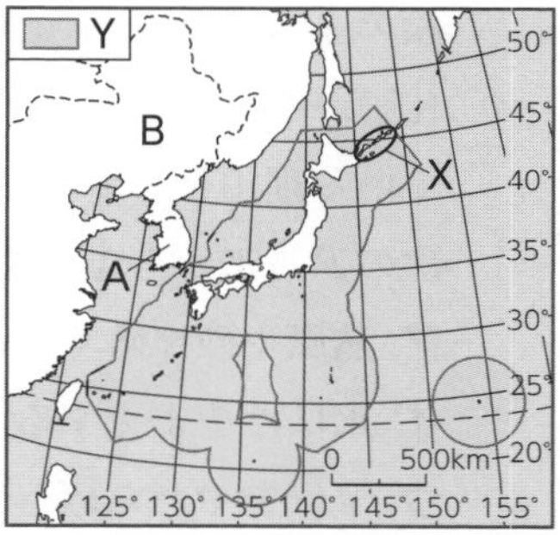

(1) 地図中のA，Bの国名を答えなさい。(6点 × 2)
A[　　　　]　B[　　　　]

(2) 日本の時刻の基準となる経線である，地図中の東経135度の経線を何といいますか。
[　　　　](8点)

(3) イギリスの首都ロンドンが7月19日午後2時のとき，日本の時刻は何時ですか。サマータイムは考えないものとします。(8点)[　　月　　日　　時]

(4) 地図中のXの島々をまとめて何といいますか。(8点)[　　　　]

(5) 地図中のYは，領海と水産資源や鉱産資源を沿岸国が管理できる範囲《はんい》を示している。下線部の範囲を何といいますか。(8点)[　　　　]

世界の人々の生活と環境

月　日

合格点 80点
得点　　点
解答 ➡ P.111

1 次の文の空らんに適語を入れなさい。また，〔　〕の中の語句から正しいものを１つ選び，○で囲みなさい。

(1) 世界のもっとも多くの地域で主食とされている農作物は〔米，とうもろこし，小麦〕である。（13点）

(2) 砂漠地帯の川の沿岸や地下水のわきでるところでは，なつめやしなどが栽培《さいばい》され農業が行われている。このようなところを［　　　　　］という。（16点）

(3) 家畜《かちく》とともに，水や草を求めて移動する牧畜を［　　　　］という。（16点）

(4) インドの女性が身につけている民族衣装《いしょう》を〔サリー，チャドル〕という。（10点）

2 次の地図を見て，あとの各問いに答えなさい。（15点×3）

(1) 地図中の斜線《しゃせん》で示した地域の多くの人々が信仰している宗教は何ですか。

［　　　　　　］

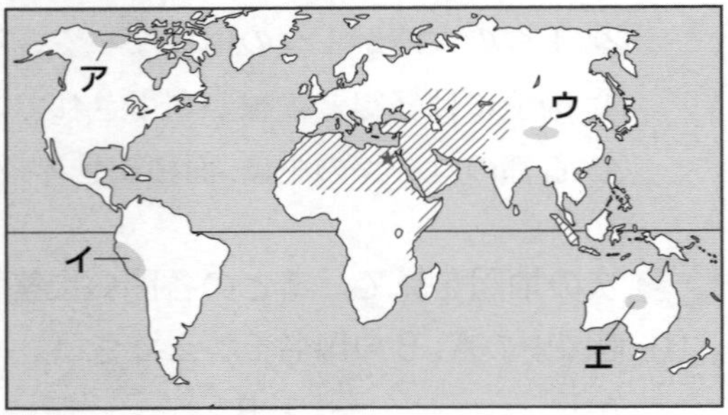

(2) 地図中の★の地域には，右の絵のような住居が見られる。住居がこのようなつくりになっている理由としてもっとも適切なものを，次の**ア**～**エ**から１つ選びなさい。［　　］

ア 熱風や砂を防ぐため。
イ 水はけをよくするため。
ウ 湿気《しっけ》をやわらげるため。
エ 野生動物からの被害《ひがい》を防ぐため。

(3) 次の説明にあてはまる地域を，地図中の**ア**～**エ**から１つ選びなさい。

［　　］

アルパカなどを飼育し，人々はポンチョという衣服を着ている。

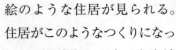

アジア①

月　日

合格点 80点
得点　　点

解答 ➡ P.112

1 次の地図を見て，あとの各問いに答えなさい。（12点×5）

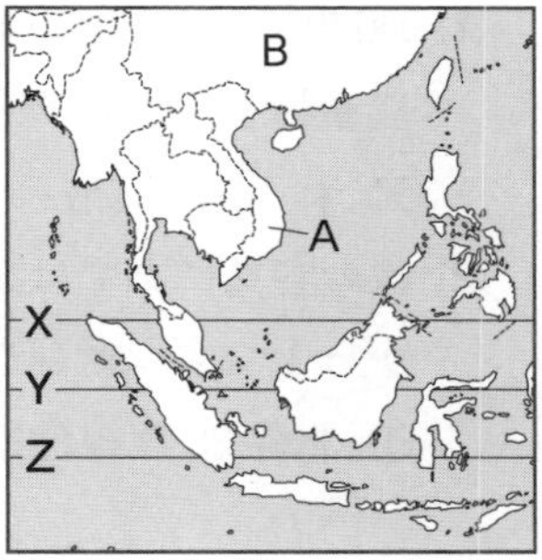

(1) 地図中の線**X**～**Z**のうち，赤道はどれですか。記号で答えなさい。［　　］

(2) 地図中の**A**の国をふくむ，東南アジアの10か国で結成されている地域協力機構を何といいますか。［　　］

(3) 地図中の**B**の国について，次の問いに答えなさい。

① この国でとられていた，一夫婦に子ども一人が望ましいとする政策を何といいますか。［　　］

② この国の住民の大部分をしめるのは，何という民族ですか。［　　］

③ この国の沿岸部のアモイやスワトウなどに(　)と呼ばれる地区を設け，外国企業《きぎょう》に開放している。(　)に適語を入れなさい。［　　］

2 次の各問いに答えなさい。（10点×4）

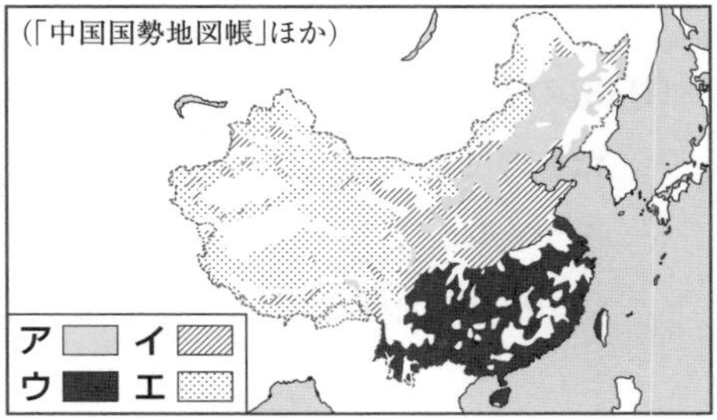

(1) 小麦の栽培《さいばい》がさかんな地域を，右の地図中の**ア**～**エ**から１つ選びなさい。［　　］

(2) 東南アジアで盛《さか》んな，１年に２回同じ農作物をつくる農業を何といいますか。［　　］

(3) 東南アジアの国々がヨーロッパの植民地支配を受けていたときにつくられた，輸出用の農作物を栽培する大農場を何といいますか。［　　］

(4) 右のグラフは，ある農作物の国別生産量割合である。この農作物を，次の**ア**～**エ**から１つ選びなさい。

(2016年)　(2017/18年版「日本国勢図会」)

ア 米　**イ** とうもろこし　**ウ** 天然ゴム　**エ** コーヒー　［　　］

月　日

社会 26

アジア②

合格点 80点
得点　　点
解答 ➡ P.112

1 次の地図を見て，あとの各問いに答えなさい。（15点×4）

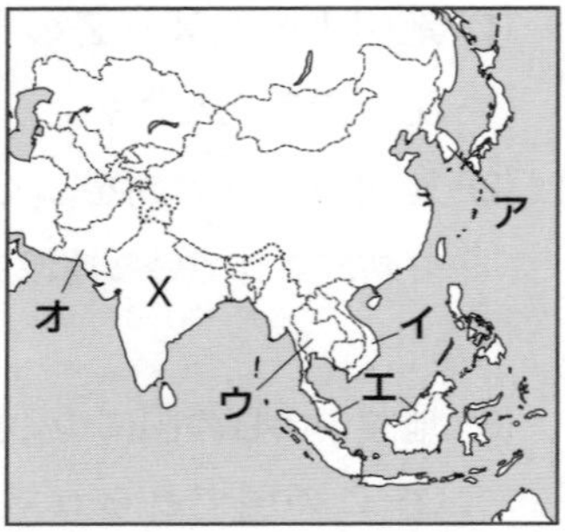

⑴ 地図中のXの国のデカン高原で栽培《さいばい》が盛《さか》んな農産物を，次の**ア**～**エ**から１つ選びなさい。
ア 米　**イ** 綿花　**ウ** 小麦　**エ** 茶［　　］

⑵ 次の各文にあてはまる国を，地図中の**ア**～**オ**から１つずつ選びなさい。

① 北緯《ほくい》38度線付近を境に隣国《りんごく》と接している。［　　］

② かつては原油や天然ゴムがおもな輸出品であったが，近年は工業化が進み，機械類がおもな輸出品である。［　　］

③ 第二次世界大戦前からの独立国で，米の輸出量が世界有数。［　　］

2 右のグラフは，日本の原油輸入相手国を表している。次の各問いに答えなさい。

（10点×4）

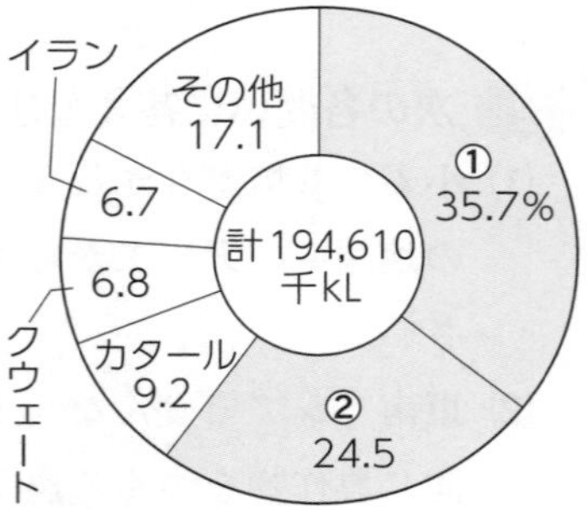

（2016年）（2017/18年版「日本国勢図会」）

⑴ 次の文は，グラフ中の①・②の国を説明したものである。それぞれの国名を答えなさい。

① ペルシア湾《わん》と紅海《こうかい》にはさまれた砂漠《さばく》の国。原油埋蔵《まいぞう》量は世界第２位（2016年）。［　　　］

② 首都はアブダビ。７つの国が集まって１つの国家を形成している。［　　　］

⑵ グラフの産油国などで結成されている，産油国の利益を守り，原油価格の安定をはかることを目的とした組織を何といいますか。［　　　］

⑶ グラフ中の上位５か国でおもに信仰《しんこう》されている宗教は何ですか。［　　　］

社会 27 ヨーロッパ①

合格点 80点
得点　　点
解答 ➡ P.112

1 右の地図を見て，次の各問いに答えなさい。（12点×5）

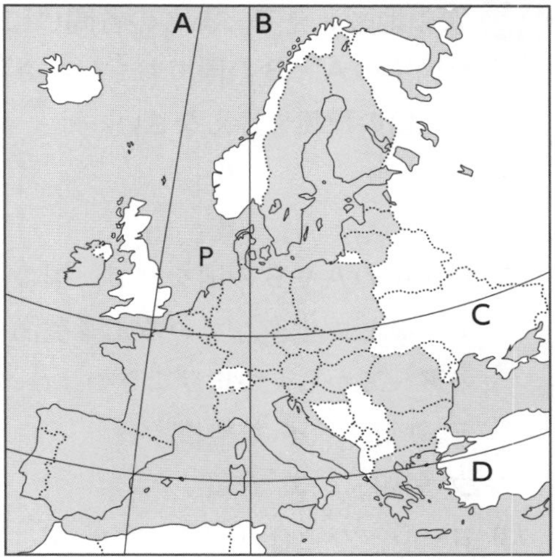

(1) 地図中のA～Dのうち，北緯《ほくい》40度の緯線と0度の経線を1つずつ選びなさい。

北緯40度の緯線［　　　］
0度の経線［　　　］

(2) 2020年11月現在，地図中の□で表されている国々が加盟している組織名を答えなさい。

［　　　　　　］

(3) 地図中にPで示した海の名称《めいしょう》と，ここで産出されるおもな鉱産資源を答えなさい。　海［　　　］　鉱産資源［　　　　］

2 右の地図のXとYで盛《さか》んな農業を何というか。また，その農業について説明したものを，あとのア～エから1つ選びなさい。（20点×2）

X［　　　　・　　　］
Y［　　　　・　　　］

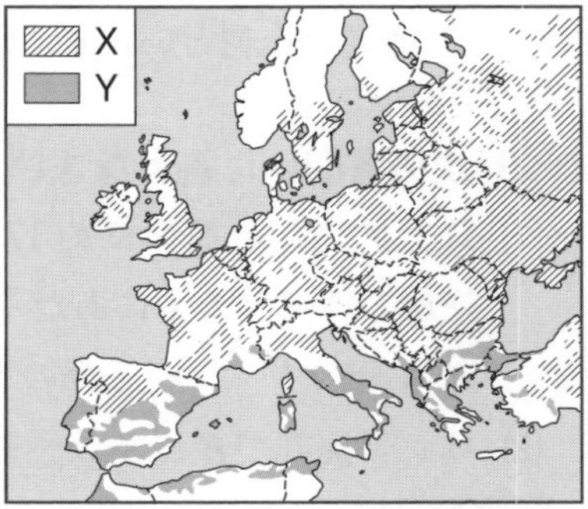

(2010年版「ディルケ世界地図」ほか)

ア 乳牛を飼い，バターやチーズなどの乳製品や生乳を生産する農業。
イ 小麦などの穀物栽培《さいばい》や豚や牛などの家畜《かちく》の飼育を組み合わせた農業。
ウ 夏にオリーブやオレンジなど，冬に小麦を栽培する農業。
エ 水や草を求めて移動しながら家畜を飼育する農業。

月　日

社会 28

ヨーロッパ②

合格点 80点

得点　点

解答 ➡ P.112

1 次の地図を見て，あとの各問いに答えなさい。(14点×5)

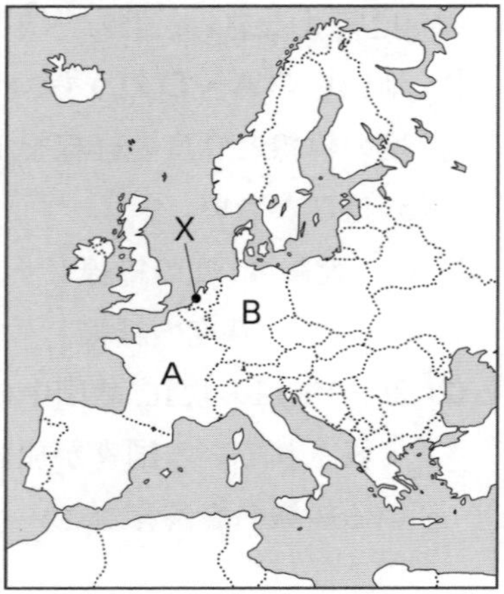
X
B
A

(1) 地図中のA，Bの国でおもに話されている言語の種類を答えなさい。

A [　　　　] 系言語

B [　　　　] 系言語

(2) 地図中のAやBの国などで，国境をこえて分業して生産している工業製品を，次のア～エから1つ選びなさい。

ア 鉄鋼　**イ** 航空機

ウ 船舶　**エ** 衣類　[　　]

(3) ヨーロッパ連合（EU）について，次の問いに答えなさい。

① 地図中のXは，ヨーロッパ連合（EU）最大の貿易港である。この港を何といいますか。[　　　　]

② EU加盟国の多くの国で流通している共通通貨を何といいますか。[　　　　]

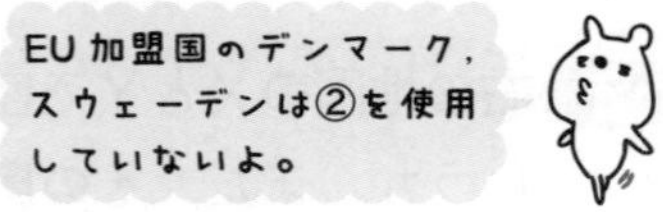
EU加盟国のデンマーク，スウェーデンは②を使用していないよ。

2 次の各問いに答えなさい。(10点×3)

(1) ロシア連邦《れんぽう》の面積は約17,098千 km^2 (2015年)であるが，これは世界の全陸地の約何分の1にあたるか。次の**ア**～**エ**から1つ選びなさい。[　　]

ア 4分の1　**イ** 8分の1　**ウ** 12分の1　**エ** 16分の1

(2) ロシア連邦で産出された鉱産資源を，EU加盟国に輸送する管を何といいますか。[　　　　]

(3) ロシア連邦の輸出品(2015年)でもっとも輸出額の大きい品目は何ですか。次の**ア**～**エ**から1つ選びなさい。[　　]

ア 原油　**イ** 石炭　**ウ** 鉄鉱石　**エ** 木材

アフリカ

1 次の地図を見て，あとの各問いに答えなさい。(10点×5)

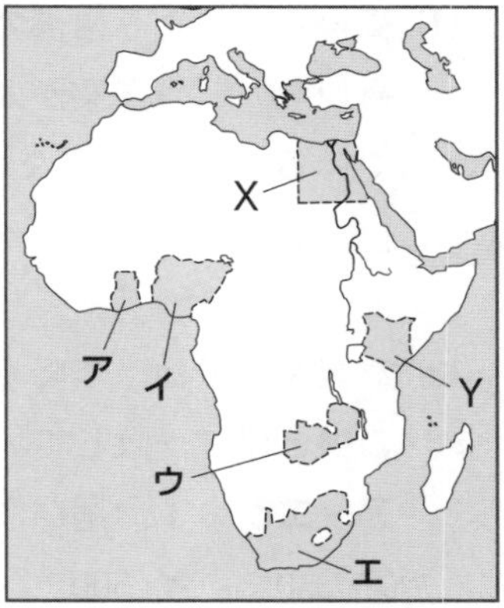

(1) Xの国には世界でもっとも長い川が流れている。この川の名を答えなさい。[　　　　]

(2) 次の文の空らんに適語を入れなさい。
Yの国ではコーヒー豆の栽培《さいばい》のほか[　　　　]の栽培が盛《さか》んで，その輸出量は世界最大(2013年)である。

(3) 次のグラフはある国の輸出品目の割合を示したものである。あてはまる国を地図中の**ア**～**エ**から１つずつ選び，記号で答えなさい。

(2017/18年版「世界国勢図会」)

①[　　]　②[　　]

(4) (3)のグラフに見られるように，特定の鉱産資源や農作物の生産や輸出にたよっている経済を何といいますか。[　　　　]

2 次の各問いに答えなさい。(10点×5)

(1) 次の①～④をかつて植民地として支配していた国を，あとの**ア**～**エ**から１つずつ選びなさい。

① アルジェリア[　　]　② スーダン[　　]
③ コンゴ民主共和国[　　]　④ アンゴラ[　　]

ア イギリス　**イ** フランス　**ウ** ポルトガル　**エ** ベルギー

(2) コバルトやマンガンなど，埋蔵量は少ないが，携帯電話やコンピューターなどの電子機器などに多く使用されている金属を何というか，カタカナで答えなさい。[　　　　]

社会

30 北アメリカ

合格点 80点

得 点　　点

解答 ➡ P.112

1 次のアメリカ合衆国を示した地図を見て，あとの各問いに答えなさい。

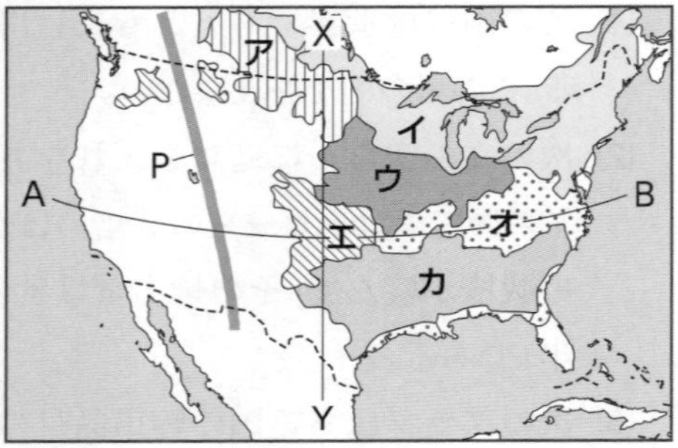

(1) 緯線《いせん》A－Bより南部では，先端《せんたん》技術(ハイテク)産業が大きく発展している。この温暖な南部一帯は，何とよばれていますか。(11点)

[　　　　　　　　]

(2) 経線X－Yは，年降水量が何mmの線とほぼ一致《いっち》しているか。次の**ア**～**エ**から1つ選びなさい。(10点)

[　　]

ア 250　**イ** 500　**ウ** 750　**エ** 1,000

(3) 経線X－Y付近の台地状の平原地帯を何といいますか。(11点)

[　　　　　　　　]

(4) 地図中の**ア**～**カ**は，アメリカ合衆国のおもな農業地帯の分布を表している。次の①～③は**ア**～**カ**のどれにあたるか。記号で答えなさい。(9点×3)

① とうもろこし[　　]　② 綿花[　　]　③ 酪農《らくのう》[　　]

(5) 地図中のPは，北アメリカ大陸西部を北西から南東にかけて走る山脈である。Pの山脈名を答えなさい。(11点)

[　　　　　　]

2 アメリカ合衆国とその周辺諸国について，次の各問いに答えなさい。

(15点×2)

(1) 2020年7月に発効したアメリカ合衆国・カナダ・メキシコの3か国による貿易協定の略称《りゃくしょう》を，アルファベットで答えなさい。

[　　　　　　]

(2) 次の**ア**～**エ**はアメリカ合衆国の都市である。このうち，郊外《こうがい》にシリコンバレーがある都市を1つ選びなさい。

[　　]

ア サンフランシスコ　**イ** デトロイト

ウ ニューヨーク　**エ** ピッツバーグ

社会 31 南アメリカ

合格点 80点
得点　　点

解答 ➡ P.113

1 南アメリカについて，次の各問いに答えなさい。(10点×4)

(1) 南アメリカ州に流れる世界最大の流域面積をもつ川を何といいますか。
[　　　　　]

(2) チリやアルゼンチンなど，南アメリカの多くの国で公用語になっているのは何語ですか。
[　　　　　]

(3) 右のグラフは，コーヒー豆の生産量の割合を表している。A・Bにあてはまる国を，次のア～エから１つずつ選びなさい。A [　　　] B [　　　]

ア アルゼンチン
イ ブラジル
ウ チリ
エ コロンビア

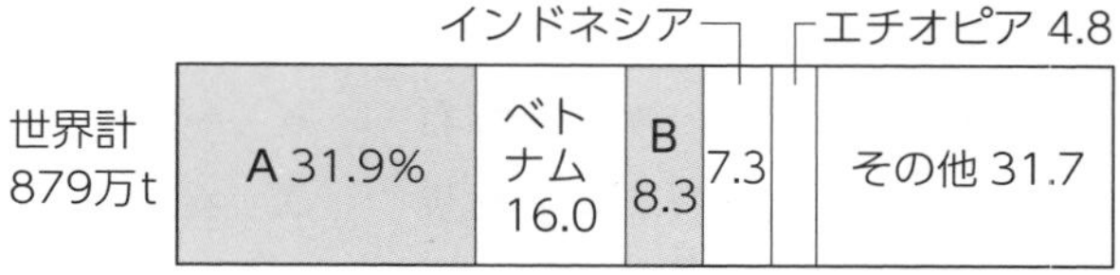

(2014年)　(2017/18年版「日本国勢図会」)

2 次の文章の空らんに適語を入れ，あとの各問いに答えなさい。(10点×6)

南アメリカは鉱産資源が豊富で，これらの多くは外国資本により開発された。aチリの [①　　　] やbベネズエラの [②　　　] などは，これらの国の重要な輸出品である。

(1) 下線部a，bの国の位置を地図中のア～オから１つずつ選びなさい。　a [　　　]　b [　　　]

(2) 地図中の線X～Zのうち，赤道を示すものを１つ選びなさい。
[　　　]

(3) 地図中のあやいの国の人々の伝統的な生活について述べたものを，次のア～エから１つ選びなさい。
[　　　]

ア リャマなどの放牧，じゃがいもやとうもろこしの栽培《さいばい》。
イ テントに住み，羊などをつれ，草を求めて移動する遊牧。
ウ 魚をとったり，あざらしなどの狩猟《しゅりょう》。
エ 森林を焼き，その灰を肥料にキャッサバやヤムいもの栽培。

高山のくらしを考えよう。

月　日

社会 32

オセアニア

合格点 80点

得点　　点

解答 ➡ P.113

1 次の地図を見て，あとの各問いに答えなさい。(10点×5)

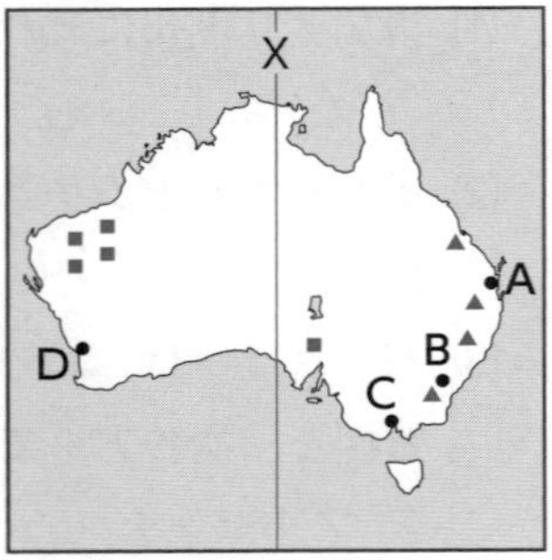

(1) 地図中のXの線は，日本では明石《あかし》市を通っている。Xの線は東経何度か答えなさい。

［東経　　度］

(2) 地図中の▲■は，それぞれある鉱産資源のおもな産地を示している。▲■と鉱産資源名の正しい組み合わせを，次のア～エから１つ選びなさい。［　］

ア ▲－石炭，■－鉄鉱石　**イ** ▲－石炭，■－ボーキサイト

ウ ▲－鉄鉱石，■－石炭　**エ** ▲－鉄鉱石，■ ボーキサイト

(3) オーストラリアの首都キャンベラの位置を，地図中の**A**～**D**から１つ選びなさい。［　］

(4) 1960年代の中ごろまで，オーストラリア最大の輸出入相手国は，かつてこの国を植民地としていた(　①　)であったが，2015年現在は(　②　)が最大の輸出入相手国である。空らんに入る国の名を答えなさい。

①［　　］　②［　　］

2 オセアニアについて，次の各問いに答えなさい。

(1) オーストラリアが日本へ輸出(2016年)する品目でもっとも金額の多いものは何か。その輸出品目名を答えなさい。(12点)［　］

(2) 次の**ア**～**ウ**のうち，オーストラリアの生産量が世界最大であるものはどれか。記号で答えなさい。(11点)［　］

ア 羊毛　**イ** ボーキサイト　**ウ** 綿花

(3) オーストラリアの掘《ほ》り抜《ぬ》き井戸《いど》の水を利用して羊や牛の放牧が行われている盆地《ぼんち》名を答えなさい。(15点)［　］

(4) ニュージーランドの先住民族を何といいますか。(12点)［　］

月　日

人類の始まりと古代文明

合格点 80点
得点　　点
解答 ➡ P.113

1 次の文章の空らんに適語を入れ，あとの問いに答えなさい。（7点×4）

もっとも古い人類は，今から700万年から600万年前に現れた[①　　　　]とされる。その後，原人が登場し，今から20万年ほど前，わたしたちの直接の祖先である[②　　　　]が現れたと考えられている。このころの人類は，石を打ちかいてつくった[③　　　　]石器を使って狩《か》りを行ったり，植物の採集をしたりして移動しながらの生活を送った。

（問い）　下線部の時代を何といいますか。　[　　　　　]

2 次の(1)〜(4)の問いに答えなさい。（8点×4）

(1) くさび形文字やハンムラビ法典がつくられた古代文明を何といいますか。
[　　　　　　　]

(2) ナイル川のはんらんにより，天文学や土木技術が発達し，太陽暦《れき》がつくられた古代文明を何といいますか。　[　　　　　]

(3) 流域にモヘンジョ=ダロなどの遺跡があり，古代文明が栄えたインドの河《か》川《せん》名を答えなさい。　[　　　　　]

(4) 三大宗教のうち，紀元前後にパレスチナ地方に生まれたイエスの教えをもとに広まった宗教を何といいますか。　[　　　　　]

〔東大寺学園―改〕

3 次の古代の中国に関する文章の空らんに適語を入れなさい。（8点×5）

紀元前1600年ごろ，黄《こう》河《が》流域でおこった[①　　　　]の国では，漢字のもとになった[②　　　　]文字が使用された。紀元前8世紀ごろからいくつもの国が争うなか，鉄製農具が広まり，[③　　　　]がのちに儒学《じゅがく》(儒教《じゅきょう》)とよばれる教えを説いた。紀元前221年，[④　　　　]の始《し》皇帝《こうてい》が中国を統一し，北方民族の侵入《しんにゅう》を防ぐため，万《ばん》里《り》の長城《ちょうじょう》を築いた。続いて中国を統一した漢《かん》は中央アジアまで領土を広げ，[⑤　　　　　　]（絹の道）を通じて，ローマ帝国に中国の絹が運ばれた。

〔宮城―改〕

月　日

社会 34

日本のあけぼのと国家の形成

合格点 80点
得点　　　点

解答 ➡ P.113

1 次の写真A～Dを見て，あとの各問いに答えなさい。(10点×7)

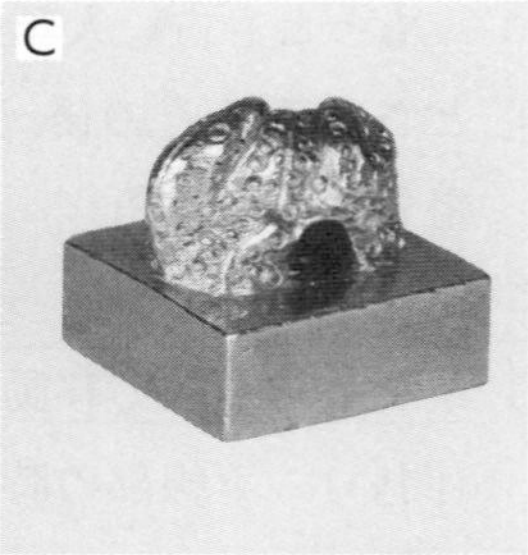

(1) **写真A**は何ですか。また，これと同時代のものを下から選びなさい。
A [　　　　]
記号 [　　　　]

ア 貝塚《かいづか》　**イ** 埴輪《はにわ》
ウ 富本銭《ふほんせん》

(2) **写真B**は何ですか。また，次の文の(　)に入る適語を答えなさい。
B [　　　　]
語 [　　　　]

写真Bが使われたころ，人々は収穫《しゅうかく》した稲穂《いなほ》を(　　)倉庫にたくわえた。

(3) **写真C**の金印が，中国の皇帝《こうてい》から日本の奴国《なこく》の王におくられたとされるころ，中国では日本のことを何とよんでいましたか。[　　　　]

(4) 日本最大の古墳《こふん》である**写真D**がつくられたころに，朝鮮《ちょうせん》半島や中国から移り住んできた人々を何といいますか。また，このころの大和《やまと》政権の王は何とよばれていましたか。　人々 [　　　　]　王 [　　　　]

2 右の資料を読んで，各問いに答えなさい。(10点×3)

(1) (　　)に適する人名を答えなさい。[　　　　]

(2) (1)に対して，銅鏡や金印を授《さず》けた中国の王朝を何といいますか。[　　　　]

(3) 資料の時代に稲《いね》の穂をつみとるために使われた石製の道具は何ですか。[　　　　]

資料

邪馬台国《やまたいこく》は30ほどの小国をしたがえ，女王の(　　)が治めている。(　　)は神につかえ，まじないによって政治を行っている。

聖徳太子の政治と大化の改新

月　日

合格点 80点
得点　　点

解答 ➡ P.113

1 次の文章を読んで，あとの各問いに答えなさい。（10点×4）

6世紀の終わりごろ，推古《すいこ》天皇の摂政となった聖徳太子《しょうとくたいし》は，蘇我《そが》氏と協力してa政治の仕組みを整え，国の力を強くしようとした。さらに，b遣隋使《けんずいし》を派《は》遣《けん》し，中国の進んだ文化や制度をとりいれようとした。また，聖徳太子は仏教を厚く信じ，［　　　］を建てた。

(1) 下線部aにあてはまるものを，次から2つ選びなさい。［　　］［　　］

ア 大宝律令をつくった。　イ 冠位《かんい》十二階を設けた。

ウ 十七条の憲法を定めた。　エ 班田収授法《はんでんしゅうじゅのほう》を実施《じっし》していた。

(2) 下線部bとして派遣された人物を，次から1つ選びなさい。［　　］

ア 小野妹子《おののいもこ》　イ 藤原定家《ふじわらのていか》《さだいえ》　ウ 山上憶良《やまのうえのおくら》　エ 大伴家持《おおとものやかもち》

(3) 文章中の［　　　］には，現存する世界最古の木造建築物である寺院があてはまる。この寺院を何といいますか。［　　　］

2 次の各問いに答えなさい。（12点×5）

(1) 中大兄皇子《なかのおおえのおうじ》らが蘇我氏をたおして始めた政治改革を何といいますか。

［　　　］

(2) 上の問い(1)の政治改革で中大兄皇子に協力し，のちに藤原の姓をあたえられた人物はだれですか。［　　　］

(3) 7世紀の後半，中大兄皇子はa朝鮮《ちょうせん》半島に出兵して大敗したのち，都を移し，即位《そくい》してb天智《てんじ》天皇となった。これに関して，次の問いに答えなさい。

① 下線部aの戦いを何といいますか。

［　　　］

② 下線部aのあと，朝鮮半島を統一した国を，次から1つ選びなさい。［　　］

ア 高麗《コリョ》《こうらい》　イ 高句麗《コグリョ》《こうくり》　ウ 新羅《シルラ》《しらぎ》　エ 百済《ペクチェ》《くだら》

③ 下線部bの死後，皇位をめぐっておこった内乱を何といいますか。

［　　　］

社会 36

平城京と聖武天皇の政治

月　日

合格点 80点
得点　　点

解答 ➡ P.114

1 次の資料A・Bを見て，あとの各問いに答えなさい。（10点×4）

資料A

唐の進んだ制度が伝えられた結果，①6歳《さい》以上の男女に口分田《くぶんでん》を与《あた》える土地制度がつくられた。また，多くの美術工芸品が伝えられ，②正倉院には資料Aなどの品がおさめられていた。

資料B

資料Bは，唐の僧《そう》であった（ ③ ）の像である。彼は苦難のすえ，日本に渡来《とらい》し，仏教の発展につくした。

(1) 下線部①の土地制度は何という法に基づいていましたか。
[　　　　]

(2) 下線部②におさめられていたのは，何天皇の遺品ですか。また，この天皇の政策として正しいものを，あとのア～エから1つ選びなさい。

天皇[　　　　]
記号[　　]

ア 初めて戸籍《こせき》をつくった。
イ 国ごとに国分寺と国分尼《に》寺《じ》をつくった。
ウ 十七条の憲法を定めた。
エ 大阪に四天王寺《してんのうじ》を建立《こんりゅう》した。

(3) （ ③ ）に適する人名を答えなさい。 [　　　　]

2 次の各問いに答えなさい。（15点×4）

(1) 701年に定められた律令《りつりょう》を何といいますか。 [　　　　]

(2) ① 743年，新しく開墾《かいこん》した土地の永久私有を認めた法は何ですか。また，②この法が定められた結果，有力な貴族や寺社などは盛《さか》んに開墾を行い，私有地を増やすようになった。このような私有地を何といいますか。

①[　　　　]　②[　　　　]

(3) 奈良《なら》時代につくられ，天皇や貴族《きぞく》，農民などの和歌が収められた書物は何ですか。
[　　　　]

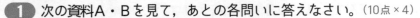

社会
37
平安京と摂関政治

月　日

合格点 80点
得点　　点
解答 ➡ P.114

1 次の各問いに答えなさい。

(1) 9世紀初めに唐《とう》に渡《わた》り，帰国後，真言宗《しんごんしゅう》を広めた僧《そう》はだれですか。(11点)
[　　　　]

(2) 9世紀初め，蝦夷《えみし》の長である阿弖流為《アテルイ》を降伏《こうふく》させた人物はだれですか。
[　　　　] (12点)

2 次の文章の空らんに適語を入れ，あとの各問いに答えなさい。(11点×4)

藤原《ふじわら》氏は，平安時代に，娘《むすめ》を[①　　　　]のきさきにし，その子を（ ① ）にたてて勢力をのばした。そして，（ ① ）が幼いときは[②　　　　]，成人してからは関白《かんぱく》となり，政治の実権をにぎった。

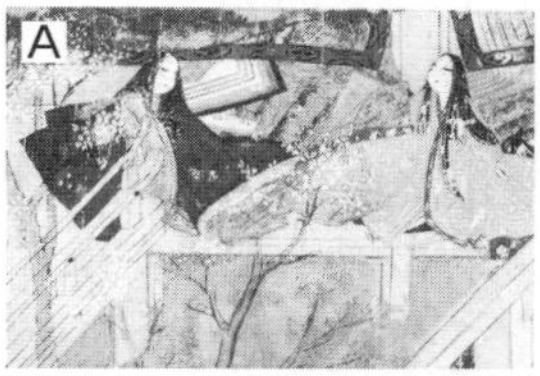

(1) Aは『源氏物語《げんじものがたり》』を絵巻物にしたものの一部である。『源氏物語』の作者はだれですか。
[　　　　]

(2) Bは，平安時代の貴族の邸宅《ていたく》である。このような建築様式を何といいますか。[　　　　]

3 次の文章の空らんに適語を入れ，あとの問いに答えなさい。(11点×3)

10世紀半ばに関東地方でおこった[①　　　　]の乱や11世紀後半に東北地方でおこった2度の戦乱などの鎮圧《ちんあつ》に活躍《かつやく》した武士は，11世紀後半より院政が行われていた都で御所《ごしょ》の警備などに用いられ，中央の政治にかかわるようになった。そして，12世紀半ばの平《へい》治《じ》の乱で勝利を収めた[②　　　　]が武士として初めて太政大臣《だいじょうだいじん》につき，武士が政治の実権をにぎることになった。

（問い）　下線部のあと，東北地方を支配した奥州《おうしゅう》藤原氏が建てた，上の写真の仏像が納められた建物を何といいますか。[　　　　]

月　日

社会 38

鎌倉幕府の政治と元の襲来

合格点 80点

得点 　点

解答 ➡ P.114

1 次の文章の空らんに適語を入れなさい。（9点×5）

源 義経《みなもとのよしつね》は平氏《へいし》滅亡《めつぼう》後，兄の源［①　　　］と対立し，都から逃亡《とうぼう》した。その後，（ ① ）は義経を捕《と》らえることを口実に，国ごとに［②　　　］，荘園《しょうえん》や公領《こうりょう》ごとに［③　　　］を置く権利を朝廷《ちょうてい》から得た。

（ ② ）・（ ③ ）は右の図の［④　　　］から選ばれ，将《しょう》軍《ぐん》からの［⑤　　　］に報《むく》いた。

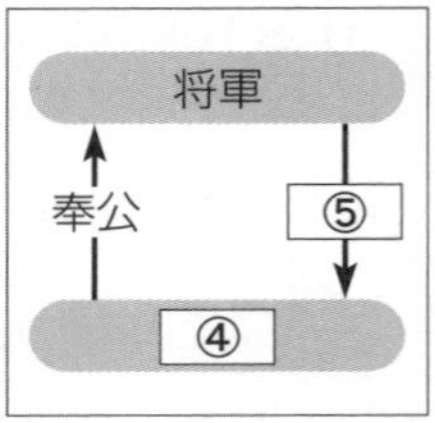

将軍
奉公
⑤
④

2 次の文章の空らんに適語を入れなさい。（10点×4）

後鳥羽上皇《ごとばじょうこう》が鎌倉幕府《かまくらばくふ》を倒《たお》そうとしたとき，北条《ほうじょう》［①　　　］は幕府側の武士に団結を訴《うった》え，幕府は上皇側の軍を破った。この戦いを［②　　　］の乱というが，乱後，京都に［③　　　］探題《たんだい》が置かれて幕府の力が強まった。その後，北条泰時《やすとき》は武家社会の慣習にもとづき［④　　　］式目を制定し，幕府の政治は安定した。

3 右の絵は，鎌倉時代に元《げん》軍が日本をおそったできごとをえがいたものである。これを見て，次の各問いに答えなさい。

(1) 元軍は，日本を２度おそった。このできごとはまとめて何とよばれますか。漢字２字で答えなさい。（8点）［　　　］

(2) このときの両軍の戦い方を，次から１つ選びなさい。（7点）［　　　］

ア 元軍の兵士は集団戦法をとった。

イ 元軍の兵士は馬に乗って戦った。

ウ 日本の武士は刀のみを用いて攻撃《こうげき》した。

エ 日本の武士は「てつはう」という武器を使った。

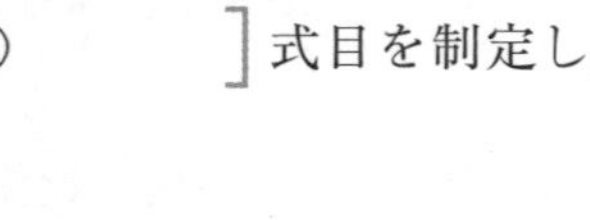

絵の右側が日本軍，左側が元軍だよ。

社会

39 室町幕府の政治

合格点 80点
得点　　点

解答 ➡ P.114

1 次の文章の空らんに適語を入れなさい。(7点×4)

[①　　　　] 天皇《てんのう》は建武《けんむ》の新政を始めたが，武士の間に不満が強く，結局，足利《あしかが》[②　　　　]が（ ① ）天皇に対して兵をあげたため，新政は終わった。その後，南北朝時代が続いたが，足利[③　　　　]のときに両朝は合一《ごういつ》した。また，このころに将軍の補佐役《ほさやく》である[④　　　　]に就任する大名も定まった。

2 次の図A～Dに関する各問いに答えなさい。(9点×8)

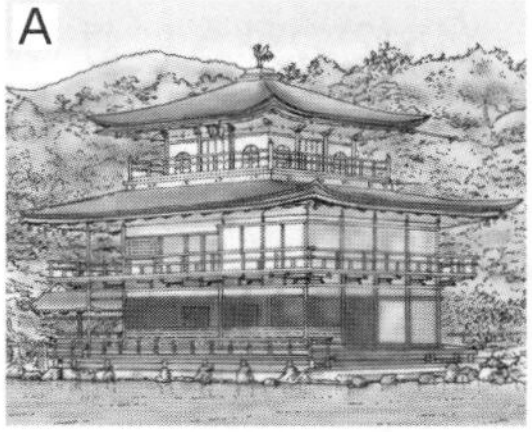

〈鹿苑寺（ ① ）〉

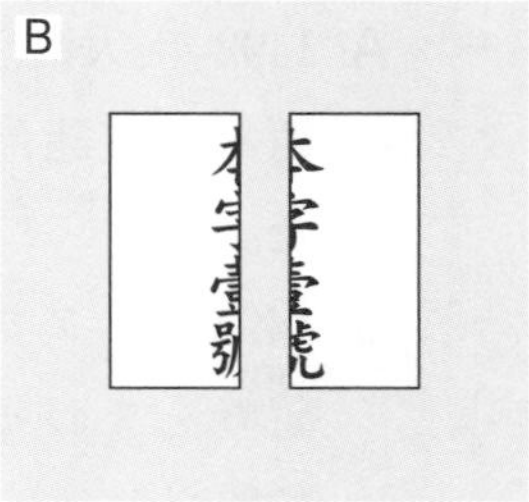

〈慈照寺（ ② ）〉

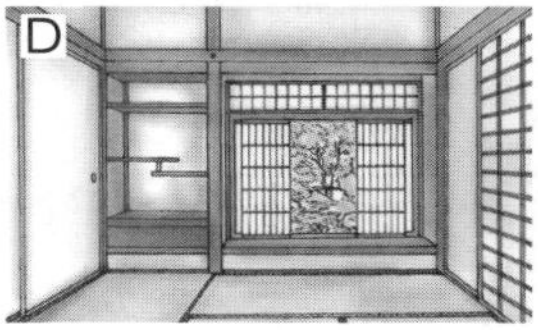

(1) Aは足利義満《よしみつ》が建てたものである。（ ① ）に入る語を答えなさい。 [　　　　]

(2) 足利義満は，中国との貿易船にBをもたせた。Bを何といいますか。 [　　　　]

(3) Bを用いた目的は，このころ盛《さか》んに活動していた海賊《かいぞく》と正式な貿易船を区別するためであった。この海賊を何といいますか。 [　　　　]

(4) Cは足利義政《よしまさ》が建てたものである。（ ② ）に入る語を答えなさい。 [　　　　]

(5) Cが建てられたのと同じ時期のできごとを１つ選びなさい。 [　　]

ア 山城国一揆《やましろのくにいっき》　　イ 朝鮮《ちょうせん》の建国

ウ 永仁《えいにん》の徳政令の発布　　エ 文永《ぶんえい》の役《えき》・弘安《こうあん》の役

(6) DはCと同じ敷地内にある建物の部屋である。この部屋の建築様式を何といいますか。 [　　　　]

(7) 室町《むろまち》時代に広まった自治的な村落を何といいますか。 [　　　　]

(8) 鎌倉《かまくら》・室町時代の商工業者の同業者団体を何といいますか。 [　　　　]

社会 40

ヨーロッパ人の海外進出

月　日

合格点 80点

得点　　点

解答 ➡ P.114

1 次の各問いに答えなさい。

(1) 16 世紀，カトリック教会を中心としたキリスト教のあり方を厳しく批判したドイツ人はだれですか。(10点) [　　　　]

(2) (1)の批判の動きを何といいますか。(7点) [　　　　]

(3) (2)の動きでおこった新教を信じる人々を何といいますか。(10点) [　　　　]

(4) (2)の動きに対し，カトリック教会側の改革の中心となり，アジアなどにも進出し布教をすすめた団体を何といいますか。(10点) [　　　　]

2 次の地図を見て，あとの各問いに答えなさい。(9点 × 7)

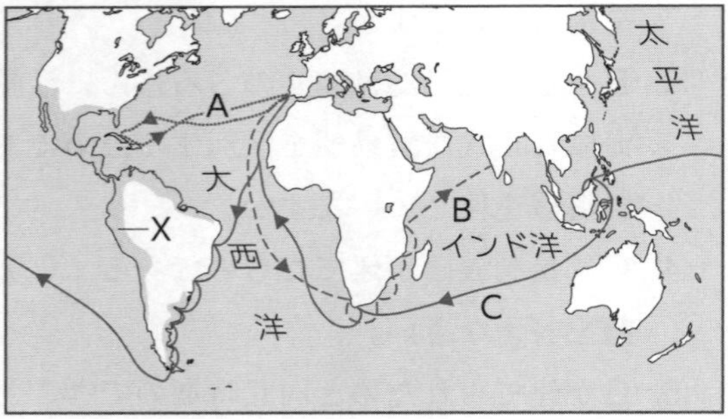

(1) A～Cの航路を発見した人物名を答えなさい。

A 1492 年，大西洋をこえて，西インド諸島に到着《とうちゃく》した。[　　　　]

B 1498 年，アフリカの喜《き》望峰《ほうほう》をまわってインド航路を発見した。[　　　　]

C 1522 年に世界一周に成功した船隊《せんたい》を率いていた。[　　　　]

(2) 16 世紀ごろに，地図中のXの地域を支配していた国の名を答えなさい。[　　　　]

(3) (2)が進出する前，この地域には，今のメキシコやペルーを中心に，巨大な神殿《しんでん》や王宮をもつ帝国《ていこく》が栄えていた。この２つの帝国の名を答えなさい。[　　　　][　　　　]

(4) インドのゴアなどを根拠地《こんきょち》にして，アジアに進出してきたヨーロッパの国はどこですか。[　　　　]

ヨーロッパ人の来航

月　日

合格点 80点
得点　　点

解答 ➡ P.115

1 次の文を読み，あとの各問いに答えなさい。

A．1543 年，（　　）に漂着《ひょうちゃく》したポルトガル人が鉄砲《てっぽう》を伝えた。この新しい武器は，a 戦術に大きな変化をもたらした。

B．1549 年，イエズス会宣教師の b（　　）が鹿児島《かごしま》に来て，キリスト教を伝えた。

C．西国大名の中には，c 貿易の利益を得るため，キリスト教を保護する者も多かった。

(1) Aの文の空らんに入る島の名と，Bの文の空らんに入る人の名を答えなさい。（20点 × 2）　A［　　　］　B［　　　］

(2) 下線部 a にもっとも関係が深いものを，次から選びなさい。（15点）　［　　］

ア 戦国大名の没落《ぼつらく》　**イ** 応仁の乱
ウ 足軽《あしがる》の活躍《かつやく》　**エ** 一騎討《いっきう》ち

(3) 下線部 b の人物が海外布教にのりだすきっかけとなったできごとを，次の**ア**～**エ**から１つ選びなさい。（15点）　［　　］

ア ドイツ人のルターらによって宗教改革が始められた。
イ イギリスで産業革命が始まり，資本主義が発達した。
ウ フランスやイギリスで市民革命がおこった。
エ アジア貿易の拠点《きょてん》として，オランダが東インド会社をつくった。

(4) 右の図は，下線部 c の貿易のようすを示したものである。次の各問いに答えなさい。（15点 × 2）

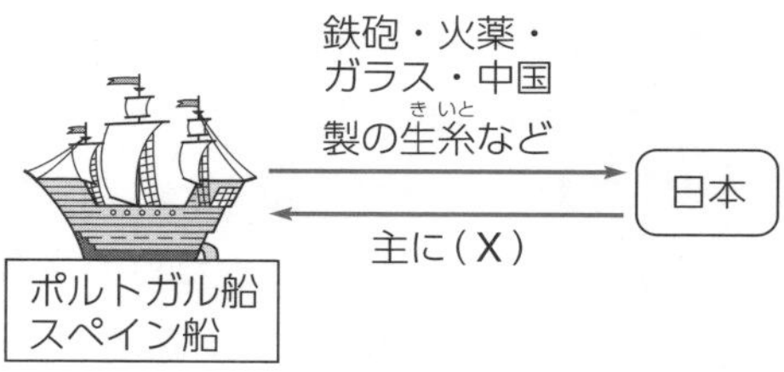

① この貿易を何といいますか。　［　　　］

② 図中の X には，当時，日本で盛《さか》んに産出した鉱物が入る。この鉱物名を，次から１つ選びなさい。　［　　］

ア 金　**イ** 銀　**ウ** 銅　**エ** 鉄

月　日

社会 42

天下統一へのあゆみ

合格点 80点
得点 　点

解答 ➡ P.115

1 次の文章の空らんに適語を入れ，(1)・(2)の問いに答えなさい。（10点×4）

天下統一のために京都にのぼった尾張《おわり》国の戦国大名［①　　　　］は，対抗《たいこう》する大名だけでなく，延暦寺《えんりゃくじ》や一向一揆《いっこういっき》も攻撃《こうげき》した。また，a長篠《ながしの》の戦いで武田《たけだ》氏を破った。やがて，近江《おうみ》国に［②　　　　］城を築き，その地でb楽《らく》市《いち》・楽座《らくざ》の政策を行った。

(1) 下線部aで①の軍が効果的に使った武器は何ですか。［　　　］

(2) 下線部bを説明した次の文中の(　　)に入る語として正しいものを，次のア～ウから１つ選びなさい。［　　］

(　　)の税を免除《めんじょ》して，だれでも自由に商売ができるようにした。

ア 農民　　**イ** 市場　　**ウ** 田畑

2 次の各問いに答えなさい。（12点×5）

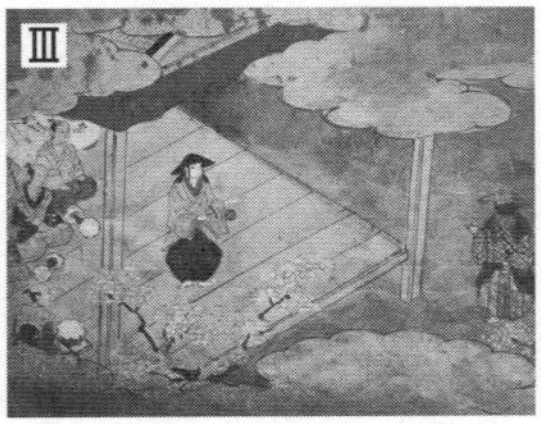

(1) Ⅰは，豊臣秀吉《とよとみひでよし》が全国で実施《じっし》した政策とほぼ同じようすを示す絵である。この秀吉の政策を何といいますか。［　　　］

(2) 次の文は，秀吉が出した法令の一部とそれを解説したものである。(①)・(②)に入る語を答えなさい。①［　　］②［　　］

「諸国の百姓《ひゃくしょう》が(①)やわきざし・弓・やり・鉄砲《てっぽう》，そのほかの武具などをもつことをかたく禁止する。」

これは農民が(②)をおこすことを防ぎ，農民から確実に年貢《ねんぐ》をとるための法令である。

(3) Ⅱは，桃山《ももやま》文化を代表する城で世界遺産でもある。城の名を答えなさい。［　　　］

(4) Ⅲの歌舞伎踊《かぶきおど》りを始めた女性はだれですか。［　　　］

合格点 80点
得点　点

解答 ➡ P.115

光の反射と屈折

1 光の性質を調べるために，実験１，実験２を行った。これについて，あとの各問いに答えなさい。

図１

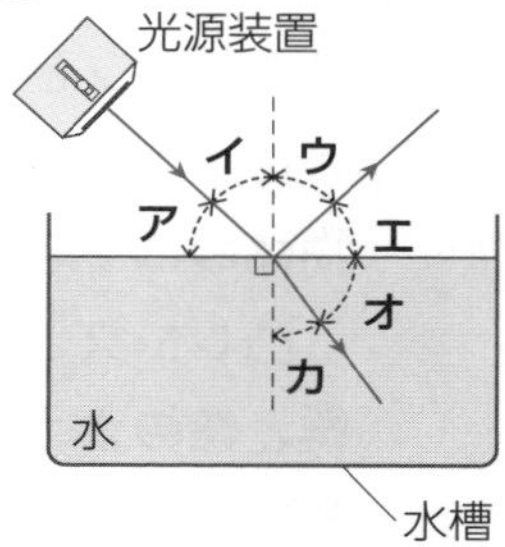

〔実験１〕 図１のように，水槽《すいそう》に光を入れ，光源《こうげん》装置からの光の道筋を調べると，図１の矢印(⟶)のように一部は曲がって水中に入り，一部ははね返って空気中を進んだ。

(1) 屈折角《くっせつかく》と反射角《はんしゃかく》はどれか。図１の**ア**～**カ**(←---→)からそれぞれ１つずつ選び，記号で答えなさい。(20点×２)

屈折角［　　　］ 反射角［　　　］

〔実験２〕 図２のように，10°ごとに目盛りの入った記録用紙の上に直角三角形のガラスを置き，光源装置からの光の進み方を調べた。

図２

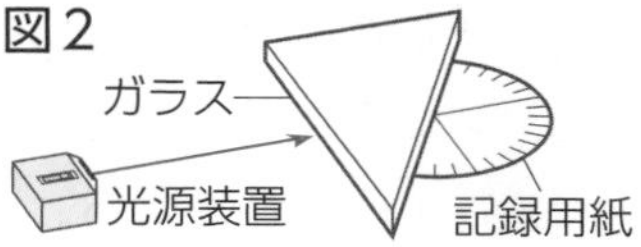

(2) 図３は，光源装置からガラス内を通って空気中に出ていく光の道筋(⟶)を真上から見て，光源装置からの光が反射，屈折する点に記録用紙の中心を合わせたものである。このときの入射角と屈折角はそれぞれ何度か，答えなさい。(20点×２)

図３

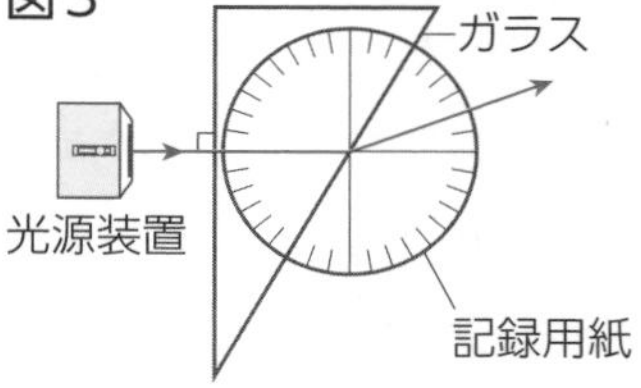

入射角［　　　］ 屈折角［　　　］

(3) 光の屈折に関係が深いものを，次の**ア**～**ウ**から１つ選びなさい。(20点)

［　　　］

ア 小さなすき間からさしこむ光は，平行にまっすぐ進む。
イ カーブミラーには，ふつうの平面の鏡よりも広い範囲《はんい》が小さくうつる。
ウ 虫めがねを通して近くのものを見ると，実際よりも大きな像《ぞう》が見える。

〔島根―改〕

月　日

理科 44

凸レンズのはたらき

合格点 80点

得点　点

解答 ➡ P.115

1 図1のように，光学台に物体（F字型の穴をあけた厚紙），凸《とつ》レンズ，スクリーンを並《なら》べた。光源《こうげん》と凸レンズの位置は動かさずに，物体をa～dのそれぞれの位置に置き，物体のはっきりした像《ぞう》がうつる凸レンズとスクリーンの距《きょ》離《り》と像のようすを調べた。これについて，次の各問いに答えなさい。

図1

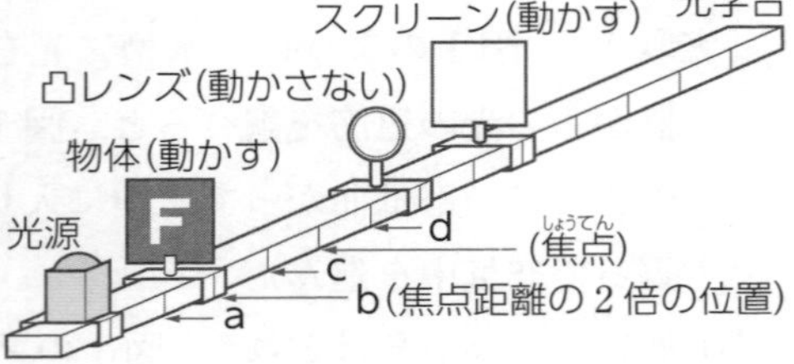

(1) 物体を図1のbの位置に置いて，スクリーンに物体のはっきりした像をうつした。スクリーンにうつした像を光源から見たとき，最も適当なものを，図2の**ア**～**エ**から1つ選びなさい。(20点)

図2

[　　]

(2) 物体を図1のbの位置に置いて，スクリーンに物体のはっきりした像をうつした。このときにできた像について正しいものを，次の**ア**～**ウ**から1つ選びなさい。(20点)

ア 物体より小さな像　　**イ** 物体と同じ大きさの像

ウ 物体より大きな像

[　　]

(3) 物体を図1のcの位置に置いて，スクリーンに物体のはっきりした像をうつした。このとき，図1のaの位置に置いたときと比べて，①像の大きさが大きい，②凸レンズとスクリーンとの距離が長いのは，a，cのどちらに置いたときか。記号で答えなさい。(20点×2)

①[　　]　②[　　]

(4) 物体を図1のdの位置に置いたとき，できる像を何といいますか。(20点)

[　　]

月　日

理科

45 音の性質

合格点 80点
得点 　点

解答 ➡ P.115

1 図1のようなモノコードの弦《げん》から出た音をマイクロホンでひろい，音の大きさや高さをコンピュータの画面に表す実験を行った。これについて，あとの各問いに答えなさい。ただし，図1では弦を支えている木片《もくへん》（ことじ）を移動させることにより，振動《しんどう》する弦ＡＢの長さを変えることができるものとする。（20点×5）

図1

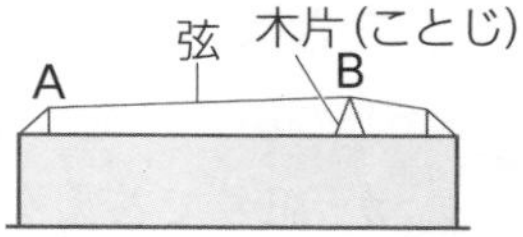

〔実験〕 ある長さに調節した弦ＡＢの中央をはじいた。図２は，このときのコンピュータの画面を表したものであり，画面の縦軸《たてじく》は音の振《しん》幅《ぷく》，横軸は時間を表している。

図2

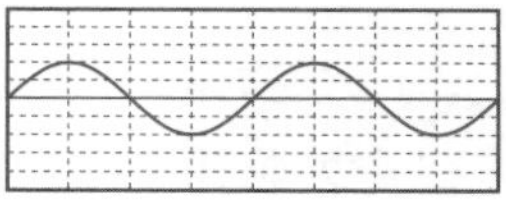

(1) 図２から，弦ＡＢが１回振動するのに $\frac{1}{500}$ 秒かかることがわかった。弦ＡＢの振動数は何 Hz ですか。
［　　　　］

(2) 弦ＡＢの出す音が，耳に伝わってくるしくみについて，次の［　］にあてはまる語句を入れ，文を完成させなさい。

弦が振動すると，まわりの［①　　　　］が振動して，音の［②　　　　］となって耳に伝わってくる。

(3) 実験のときより，弦ＡＢの長さを短くして弦ＡＢの中央を強くはじいたときのコンピュータの画面は，次の**ア**～**エ**のどれか。１つ選びなさい。なお，縦軸，横軸の１目盛りの大きさはいずれも，図２と同じである。［　　　　］

ア

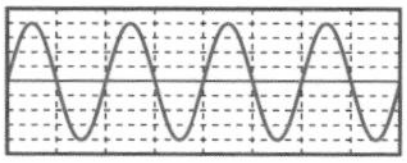

イ

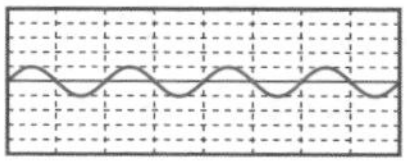

ウ

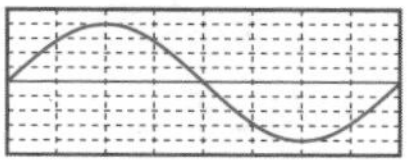

エ

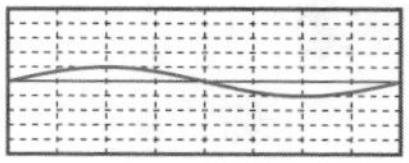

(4) (3)で，音の高さはどう変化するか。「弦の振動数が」という書き出しで，理由がわかるように書きなさい。
［　　　　　　　　　　　　　　　　　　　　　　］〔長崎―改〕

月　日

理科

46 力とその表し方

合格点 80点
得　点 　点
解答 ➡ P.116

1 図1～図3では，いずれも力がはたらく。これについて，次の各問いに答えなさい。

図1

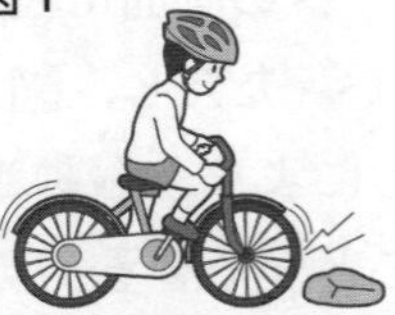

自転車のブレーキをかける。

図2

ばねを伸ばす。

図3

荷物を持っている。

(1) 図1～図3の力のはたらきは，次の**ア**～**ウ**のどの場合にあてはまるか。記号で答えなさい。(10点×3)

図1［　　］　図2［　　］　図3［　　］

ア 物体の形を変える。　**イ** 物体の動きを変える。

ウ 物体を持ち上げたり支えたりする。

(2) 図1で，自転車と地面の間ではたらいている力は何ですか。(15点)

［　　　　］

(3) 図3で荷物にはたらく下向きの力は何ですか。(15点)［　　　　］

2 右の図に，人の指が水平な方向に箱を2Nでおす力を，矢印で描《か》きなさい。ただし，図の1目盛りの長さを1Nの力の大きさとする。(20点)

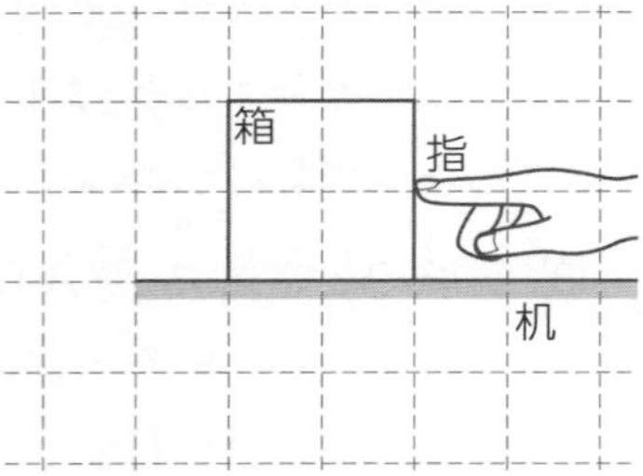

3 ばねに力を加えて伸《の》ばす。ばねの伸びとばねに加える力をグラフにまとめると，右のようになった。ばねに加える力とばねの伸びは，どのような関係があるか，答えなさい。(20点)

［　　　　の関係］

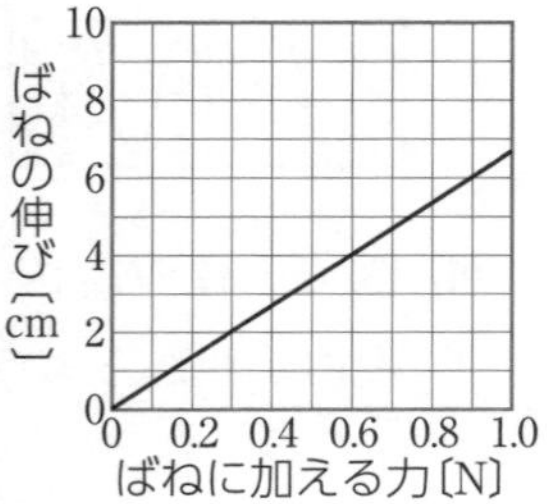

力のつりあい

月　日

合格点 80点
得点　　点
解答 ➡ P.116

1 力のつりあいについて，次の文の[　]にあてはまる語句を書き入れなさい。(20点×3)

２力がつりあう条件は，２力の力の[①　　　　]が等しいこと，２つの力が[②　　　　]上にあること，２力の力の向きが[③　　　　]であることの３つである。

2 水平な床《ゆか》の上に物体を置いた。物体には，重力とそれにつりあう力が物体の面に垂直にはたらいている。この２つの力を表すものとして，最も適切なものを下の**ア**～**エ**から１つ選び，記号で答えなさい。ただし，矢印は力を表し，長さはすべて等しいものとする。(20点)

[　　]

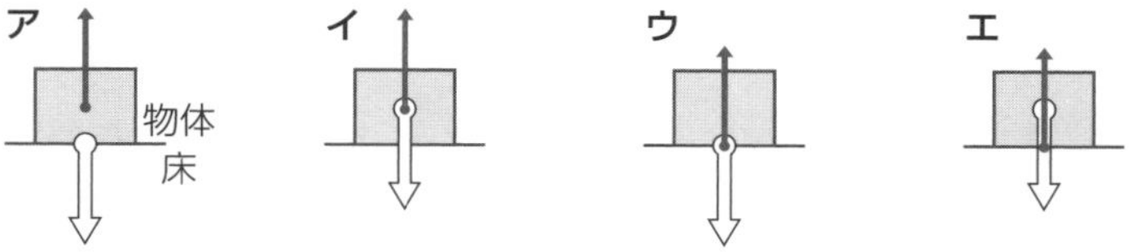

〔沖縄〕

3 右の図のように，板に２つ穴をあけてひもを結び，２つの方向からひもを引いた。２力がつりあっているようすを表している図として，最も適切なものを下の**ア**～**エ**から１つ選び，記号で答えなさい。ただし，矢印は力を表し，矢印の長さは力の大きさを表すものとする。(20点)

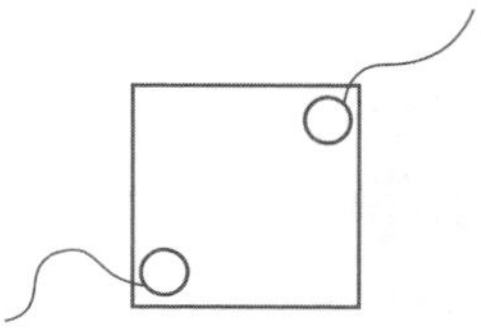

[　　]

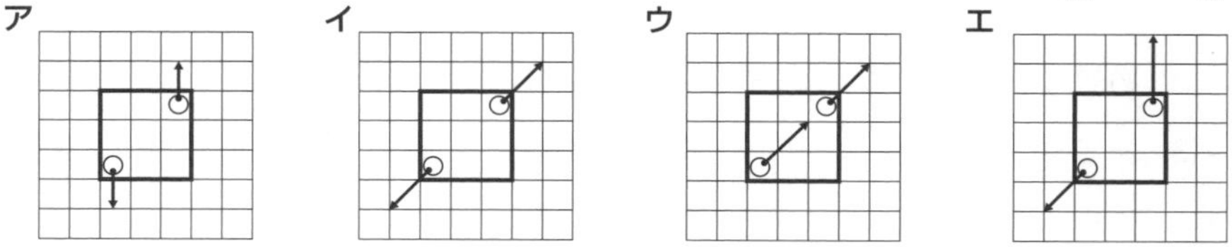

月　日

物質のすがた

合格点 80点
得点　点

解答 ➡ P.116

1 4種類の白い粉末A～Dの性質を調べるため，次のような実験を行った。それぞれの粉末は，炭酸水素ナトリウム，食塩，砂糖《さとう》，デンプンのいずれかである。これについて，あとの各問いに答えなさい。（20点×3）

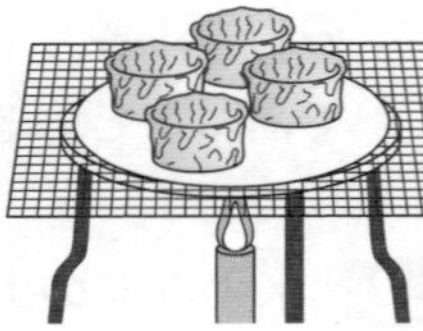

〔実験〕 ① 4種類の白い粉末A～Dをそれぞれ少量とり，水に溶《と》けるようすを調べた。その結果，AとCは溶けるが，Bは少し溶け，Dは溶けないで白く濁《にご》ることがわかった。

② 4種類の粉末を図のように，それぞれアルミニウムはくの容器に入れ，弱い火で熱すると，CとDは焦《こ》げたが，AとBは白いままであった。

③ Cを水に溶かしてにつめ，Bを加えて混ぜるとふくらみ，冷やすとカルメ焼きができた。

(1) ②で「焦げた」ことからわかる，粉末Cと粉末Dに共通に含《ふく》まれる物質は何か。その物質名を書きなさい。　[　　　]

(2) 実験の結果から考えて，粉末A～Dのうち，食塩と砂糖はどれか。それぞれ1つずつ選び，その記号を書きなさい。

食塩 [　　　]　砂糖 [　　　]〔岩手一改〕

2 金属について，次の各問いに答えなさい。

(1) 次の**ア**～**エ**の性質のうち，金属が共通にもっている性質を，すべて選び，記号で答えなさい。（10点）　[　　　]

ア みがくと光る。　**イ** 電流が流れる。

ウ 磁石につく。　**エ** 引っぱるとのびて，たたくと広がる。

(2) 物質 $1\,\mathrm{cm}^3$ あたりの質量《しつりょう》を何といいますか。（10点）　[　　　]

(3) ある金属の質量は $79\,\mathrm{g}$，体積は $10\,\mathrm{cm}^3$ であった。この金属の**(2)**を求めなさい。　[　　　]（20点）

49 実験器具の扱い方

月　日

合格点 80点

得点　　点

解答 ➡ P.116

1 次のA～Eの文は，右の図のようなガスバーナーに点火し，実験に適した炎《ほのお》にするまでの操作について述べたものである。ガスバーナーを安全に操作するための手順として正しい順に，A～Eを並《なら》べかえなさい。（30点）

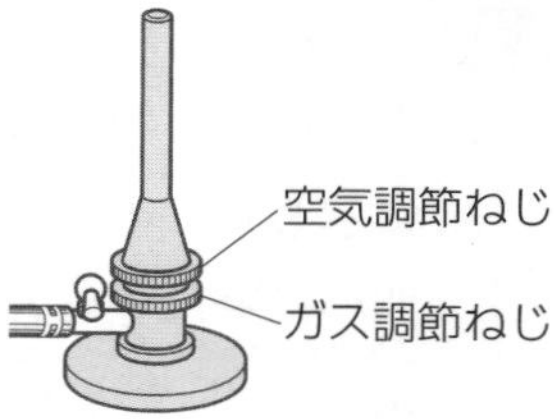

A 元栓《もとせん》を開く。　[　→　→　→　→　]

B ガス調節ねじをおさえて，空気調節ねじだけを少しずつ開き，青色の安定した炎にする。

C マッチに火をつけ，ガス調節ねじを少しずつ開いて，点火する。

D ガス調節ねじと空気調節ねじが閉まっていることを確認《かくにん》する。

E ガス調節ねじをゆるめて，炎の大きさを調節する。　〔高知一改〕

2 100 mL 用メスシリンダーに水を入れたら，水面が図のようになった。次の各問いに答えなさい。

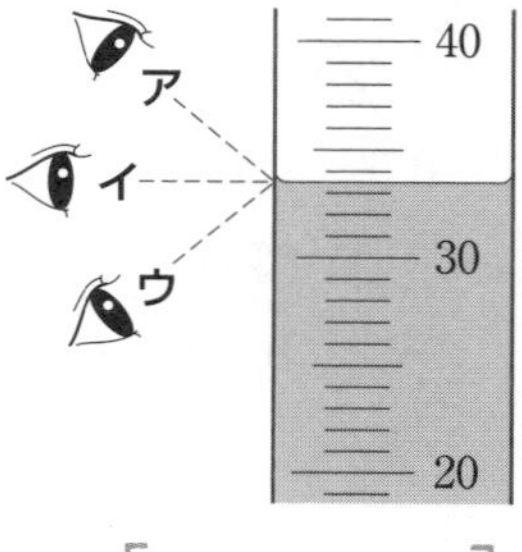

(1) このメスシリンダーの1目盛りは何 cm^3 になっていますか。（10点）　[　]

(2) 目盛りを読むとき，目の位置は，図の**ア**～**ウ**のどこにするのが正しいですか。（10点）　[　]

(3) 図のとき，水の体積は何 cm^3 ですか。（15点）　[　]

3 上皿てんびんについて，次の各問いに答えなさい。

(1) 右の図のA，Bの名称《めいしょう》を書きなさい。（10点×2）

A [　]　B [　]

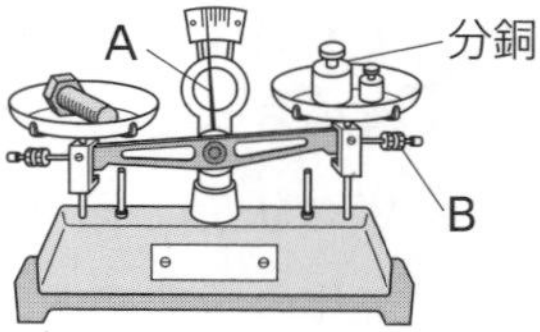

(2) 上皿てんびんは，Aがどんな状態のときに，つりあっているとしますか。（15点）

[　]

状態変化と体積変化

合格点 80点
得点　　点

解答 ➡ P.116

1 次の各問いに答えなさい。

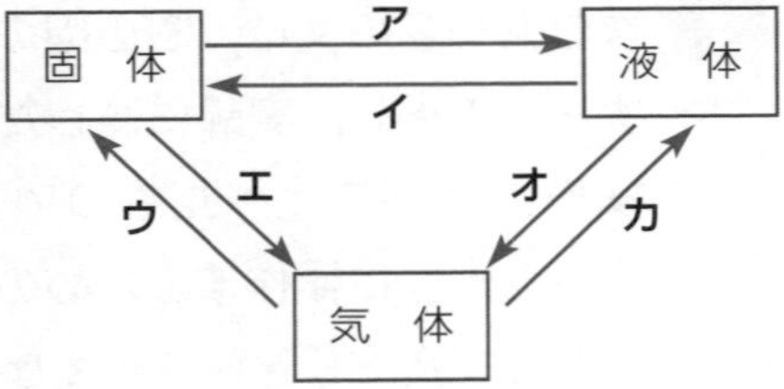

(1) 右の図は，物質の状態変化《じょうたいへんか》を模式的《もしきてき》に示したものである。次の①，②の問いにそれぞれ答えなさい。

① 冷やしたときに起こる状態変化を図のア～カの中からすべて選びなさい。(15点)　[　　　　]

② ろうが固体から液体になるとき，体積と質量《しつりょう》はそれぞれどのようになりますか。(10点×2) 体積 [　　　　]　質量 [　　　　]

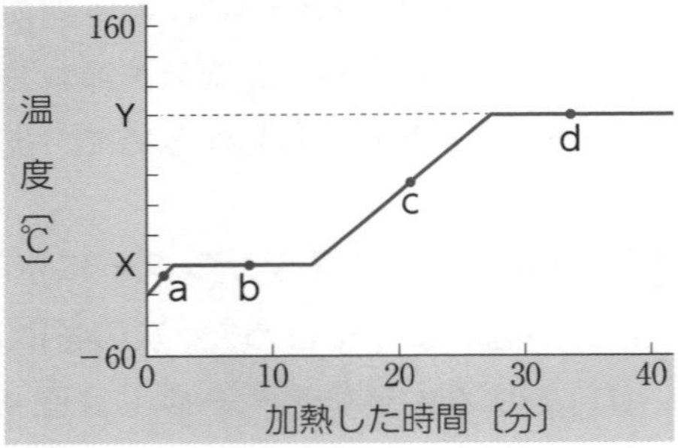

(2) 氷をビーカーに入れてゆっくりと加熱する実験を行った。右の図は，加熱した時間と温度の関係を模式的に示したものである。次の①，②の問いにそれぞれ答えなさい。

(15点×3)

① 図のXの温度，Yの温度をそれぞれ何というか。その名称《めいしょう》を書きなさい。

Xの温度 [　　　　]　Yの温度 [　　　　]

② 図のa～dのうち，固体と液体が混ざった状態になっているのはどの点か。a～dの中から1つ選びなさい。　[　　]

(3) いろいろな物質のXの温度とYの温度を示した右の表の物質のうちで，－100℃では固体の状態であり，100℃では気体の状態である物質はどれか。その名称を書きなさい。(20点)　[　　　　]〔佐賀一改〕

物質	Xの温度〔℃〕	Yの温度〔℃〕
エタノール	−115	78
アセトン	−95	57
水銀	−39	357
酸素	−218	−183
鉄	1536	2863

理科 51

気体の発生とその性質

合格点 80点
得点 　点
解答 ➡ P.117

1 気体を発生させ，その性質について調べるため，次の実験1から実験4までを行った。これについて，あとの各問いに答えなさい。

〔実験1〕 塩化アンモニウムと水酸化ナトリウムを混ぜたものに，少量の水を加えると，気体Aが発生した。

〔実験2〕 二酸化マンガンにオキシドール(うすい過酸化水素水)を加え，気体Bを発生させた。

〔実験3〕 亜鉛《あえん》にうすい塩酸を加え，気体Cを発生させた。

〔実験4〕 石灰石《せっかいせき》にうすい塩酸を加え，気体Dを発生させた。

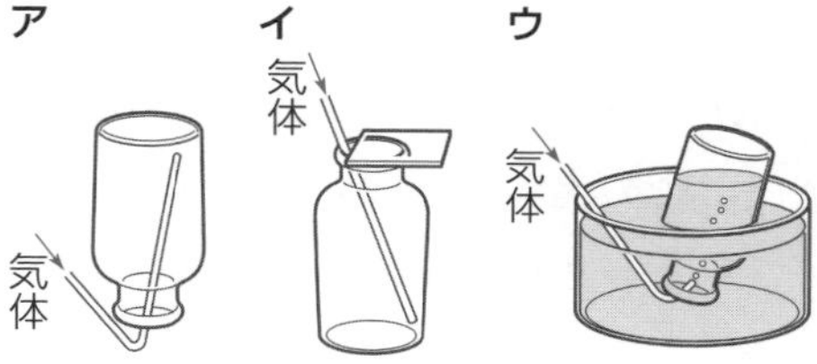

(1) 気体A・Bを集める方法を右の**ア**～**ウ**からそれぞれ1つずつ選び，また，その気体を集めるのに最も適する方法の名称《めいしょう》を書きなさい。(10点×4)

気体A［　　］　名称［　　　　］
気体B［　　］　名称［　　　　］

(2) 気体A，B，C，Dの名称をそれぞれ書きなさい。(10点×4)

A［　　　　］　B［　　　　］　C［　　　　］
D［　　　　］

〔愛知一改〕

2 うすい塩酸の入った三角フラスコにマグネシウムリボンを加え，発生した気体を水上置換《ちかん》法で試験管に集めるときの実験装置の図を，下の□の中に，右下の実験器具の略図を描《か》き加え，完成させなさい。(20点)

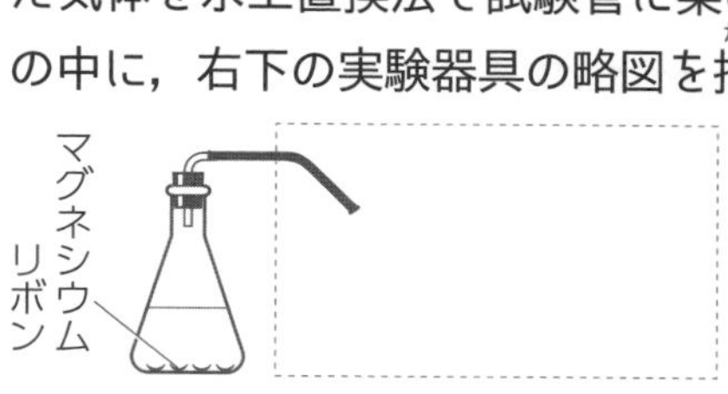

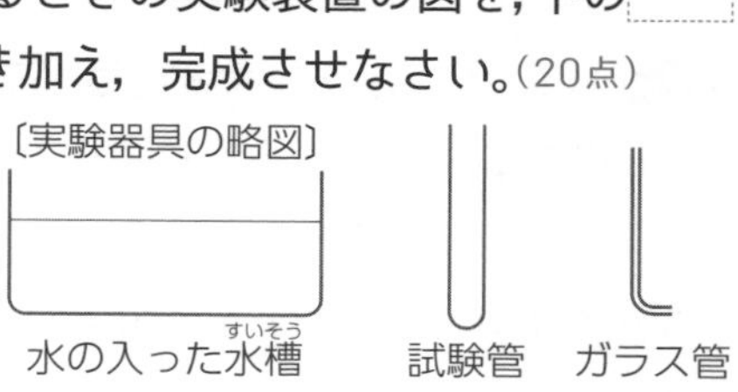

〔北海道〕

月　日

理科

52 水溶液と再結晶

合格点 80点

得点　　点

解答 ➡ P.117

1 温度と溶解度《ようかいど》の関係について調べるために，台所にあったミョウバンを用いて，次の①，②の手順で実験を行った。これについて，あとの各問いに答えなさい。（20点×3）

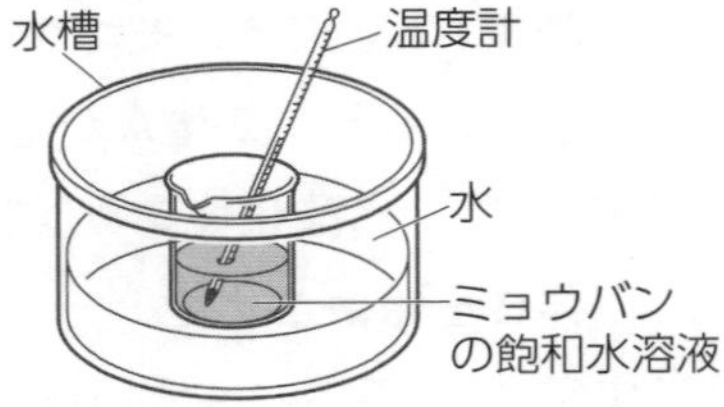

〔実験〕 ① ビーカーに100gの水を入れ，ミョウバンを溶《と》かして60℃の飽和《ほうわ》水溶液をつくった。

② 右の図のように，①の飽和水溶液を，水《すい》槽《そう》に入れた水で20℃になるまで冷やし，出てくる結晶《けっしょう》を観察した。

(1) ミョウバンの飽和水溶液を冷やしたところ，たくさんの結晶が出てきた。この実験で，結晶をとり出すことができたのはなぜか。その理由を「溶解度」という用語を使って書きなさい。

[　　　　　　　　　　　　　　　　　　　　　　　　　　]

(2) ミョウバンの水溶液からミョウバンの結晶をとり出すためには，水溶液を冷やすことのほかに，どのような方法があるか。簡潔に書きなさい。

[　　　　　　　　　　　　　　　　　　　　　　　　　　]

(3) ミョウバンの飽和水溶液の中に，ミョウバンの小さな結晶をつり下げて，大きな結晶をつくった。このときつくったミョウバンの結晶の形として，最も適するものを右の**ア**～**エ**から1つ選び，記号で答えなさい。

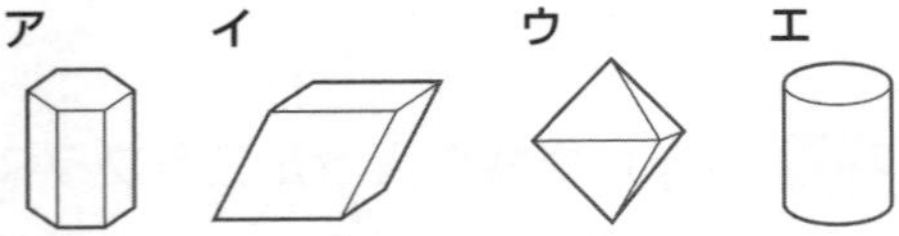

[　　　]〔山形〕

2 質量《しつりょう》パーセント濃度《のうど》について，次の各問いに答えなさい。（20点×2）

(1) 濃度2％の砂糖《さとう》水をつくるためには，砂糖4gに水を何g加えたらよいですか。

[　　　　]

(2) 濃度10％の食塩水50gに，水200gを加えると，食塩水の濃度は何％になりますか。

[　　　　]

身のまわりの生物の観察

合格点 80点
得点　　点
解答 ➡ P.117

1 学校に生息《せいそく》する植物のからだのつくりや生活の場所について，観察を行った。植物を観察し，スケッチすると，図1のようになった。また，Xから花をとり，スケッチすると，図2のようになった。これについて，次の各問いに答えなさい。（20点×3）

図1

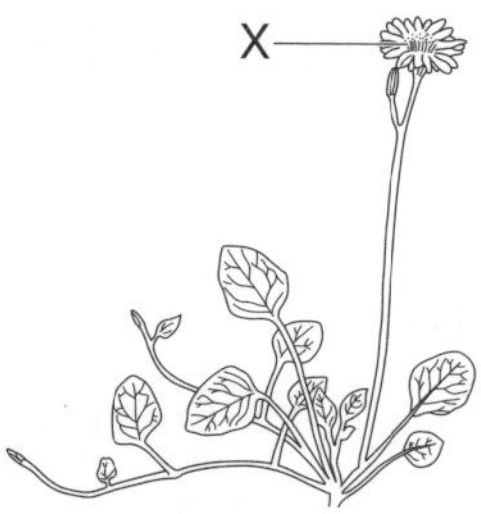

図2

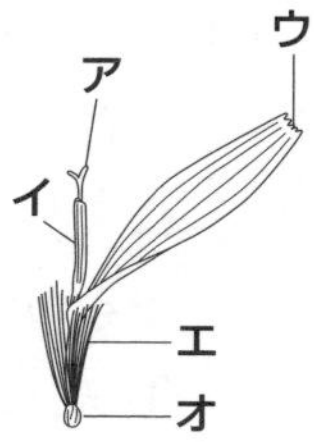

(1) スケッチするときに留意することを書きなさい。

[　　　　　　　　　　　　　　　　　　]

(2) 図2の**ア**～**オ**の中で花粉がつくられるのは，どの部分か。1つ選び，記号で答えなさい。 [　　　]

(3) 図1の植物は，日あたりのよい場所と日あたりの悪い場所のどちらに多く生えていますか。 [　　　　　　] 〔福島一改〕

2 鏡筒《きょうとう》が上下する顕微鏡《けんびきょう》を使って観察した。次の各問いに答えなさい。（10点×4）

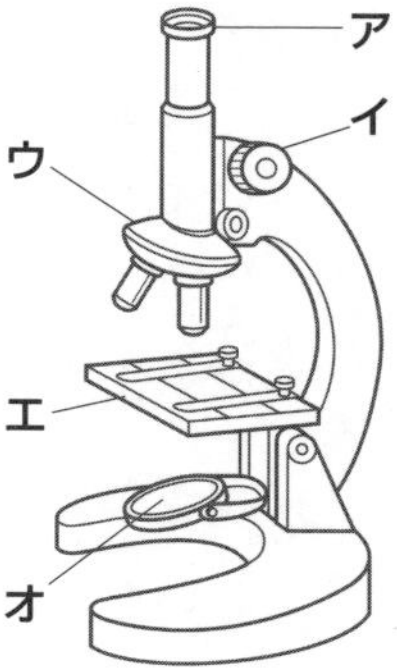

(1) 次の①～④を操作の正しい順に並《なら》べかえなさい。

[　　→　　→　　→　　]

① 接眼レンズをのぞきながら，ピントを合わせる。

② プレパラートをステージにのせる。

③ 反射鏡《はんしゃきょう》の角度としぼりを調節して，視野全体を明るくする。

④ 横から見ながら対物《たいぶつ》レンズとプレパラートを近づける。

(2) (1)の①と④の操作は，図の**ア**～**オ**のどれを動かして行いますか。[　　　]

(3) 倍率を高くすると，視野の明るさと見える範囲《はんい》は，それぞれどうなりますか。　視野の明るさ[　　　　　]　見える範囲[　　　　　]

月　日

理科 54

花のつくりとはたらき

合格点 80点
得点　　点
解答 ➡ P.117

1 アブラナとツツジの花のつくりについて，次の各問いに答えなさい。

(1) アブラナとツツジの花の各部分をとりはずし，４つの部分に整理した。

右の表は，そのときにスケッチしてつくったものである。

植物名＼各部分の名称	X	Y	おしべ	めしべ
アブラナ			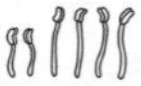	
ツツジ				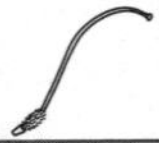

① 表の花で，X，Yにあてはまる部分の名称《めいしょう》をそれぞれ書きなさい。(15点×2)

X［　　　］　Y［　　　］

② 双眼実体顕微鏡《そうがんじったいけんびきょう》は，観察するものの見え方にどのような特色がある顕微鏡か。その特色を簡潔に書きなさい。(20点)

［　　　　　　　　　　　］

(2) 次の文章は，アブラナとツツジの種子のでき方についてまとめたものである。［　］の中に，あてはまる語句をそれぞれ書きなさい。(10点×4)

花を咲《さ》かせて，種子ができる種子植物のうち，［①　　　］植物においては，花粉がめしべの［②　　　］につくと，やがて，めしべの［③　　　］がふくらんで果実になり，［③］の中の［④　　　］は種子になる。

(3) 花を手にとって観察するとき，ルーペの使い方を説明したものとして，正しいものは次の**ア**～**エ**のどれか。１つ選び，記号で答えなさい。(10点)

［　　］

ア ルーペを目に近づけて持ち，花を前後に動かす。
イ ルーペを目から離《はな》して持ち，花を前後に動かす。
ウ ルーペと花を一定間隔《かんかく》で持ち，顔を前後に動かす。
エ ルーペと顔を同時に前後に動かす。

〔山形一改〕

花の咲く植物のなかま

月　日

合格点 80点
得点　　点

解答 ➡ P.118

1 植物には多くの種類があるが，種子をつくる植物は，下のように分類することができる。これについて，あとの各問いに答えなさい。

- 種子をつくる植物
  - 胚珠《はいしゅ》がむき出しになっている。 ―― A
  - 胚珠が子房《しぼう》の中にある。
    - 子葉《しよう》が１枚 ―― B
    - 子葉が２枚
      - 花弁がくっついている。 ―― C
      - 花弁が分かれている。 ―― D

(1) 上の図のAに分類される植物のなかまを何といいますか。(20点)

[　　　　　]

(2) 上の図のBに分類される植物の根は，形の特徴《とくちょう》から何とよばれていますか。

[　　　　　] (20点)

(3) 上の図のCに分類される植物はどれか。次の**ア**～**オ**の中から２つ選び，記号で答えなさい。(10点×2)

[　　] [　　]

ア タンポポ　**イ** アブラナ　**ウ** サクラ　**エ** ツツジ　**オ** ユリ

(4) 次の文の中で，正しいものはどれか。次の**ア**～**エ**の中から１つ選び，記号で答えなさい。(20点)

[　　]

ア エンドウの花には，雄花《おばな》と雌花《めばな》がある。

イ マツの雌花が成長してできるまつかさは，果実である。

ウ イネは，花を咲《さ》かせて種子をつくる。

エ スギでは花粉がめしべの先につくと，胚珠《はいしゅ》が種子になる。　〔鹿児島―改〕

2 単子葉類《たんしようるい》と双子葉類《そうしようるい》の植物の葉脈《ようみゃく》のようすについて，正しいものはどれか。次の**ア**～**エ**の中から１つ選び，記号で答えなさい。(20点)

[　　]

	ア	イ	ウ	エ
単子葉類	網目状	網目状	平　行	平　行
双子葉類	網目状	平　行	網目状	平　行

理科 56

花の咲かない植物のなかま

合格点 80点
得点 　点

解答 ➡ P.118

1 右の図は，イヌワラビのからだのつくりを表したものである。これについて，次の各問いに答えなさい。 (10点×3)

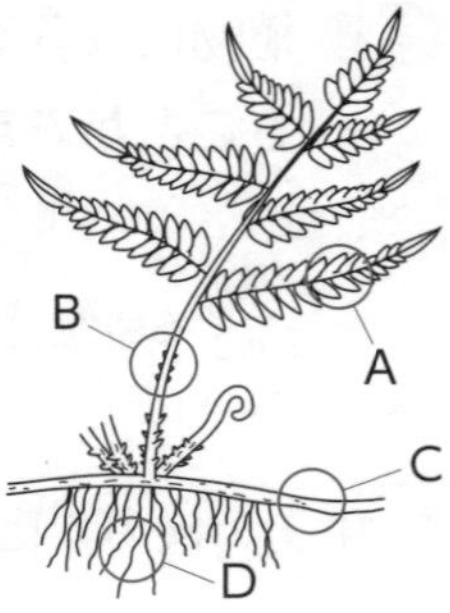

(1) イヌワラビのからだのつくりを正しく説明しているものを次の**ア**～**ウ**から１つ選びなさい。 [　　]

ア Aは葉，Bは茎《くき》，CとDは根である。

イ Aは葉，BとCは茎，Dは根である。

ウ AとBは葉，Cは茎，Dは根である。

(2) Aの部分の裏についている黒っぽい袋《ふくろ》は何ですか。 [　　　　]

(3) (2)の袋の中には何が入っていますか。 [　　　　]〔岩手一改〕

2 右の図は，ゼニゴケのからだのつくりを表している。これについて，次の各問いに答えなさい。

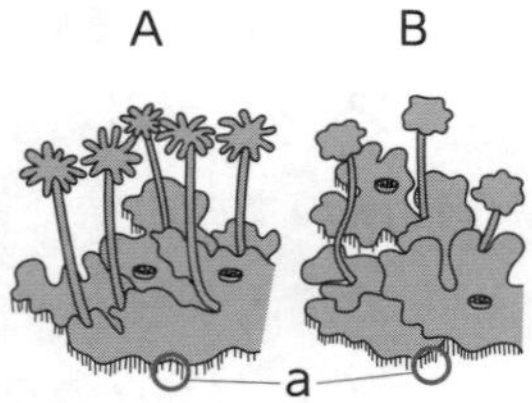

(1) 雌株《めかぶ》はAとBのどちらですか。(15点) [　　]

(2) aの部分の名称《めいしょう》を書きなさい。(15点)

[　　　　]

(3) aの部分の役割について，簡潔に書きなさい。(20点)

[　　　　　　　　　　　　　　　　　　　　]

3 次のA～Eの植物のうち，胚珠《はいしゅ》のあるものをすべて選びなさい。(20点)

A

タンポポ

B

イヌワラビ

C

マツ

D

サクラ

E

ゼニゴケ

[　　　　]

動物のなかま ①

1 いろいろなセキツイ動物の，「a：生まれ方」，「b：呼吸のしかた」などの特徴《とくちょう》について調べ，カードを作成し，このカードを使って動物を分類する学習を行った。右のA～Fのカードは，作成したカードの一部である。次の各問いに答えなさい。

A〈ニワトリ〉

a：卵生
b：肺で呼吸

B〈ウサギ〉

a：胎生
b：肺で呼吸

C〈カメ〉

a：卵生
b：肺で呼吸

D〈カエル〉

a：卵生
b：□

E〈フナ〉
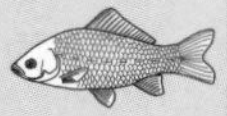
a：卵生
b：えらで呼吸

F〈トカゲ〉

a：卵生
b：肺で呼吸

(1) 以下の文は，Dの□について説明したものである。文中の①，②の［　］に適切な語句を入れなさい。（15点×2）

子のときは水中で，［①　　　　］で呼吸し，成長して親になると陸上で，肺と［②　　　　］で呼吸をするようになる。

(2) A～Fのカードを，aとbの2つ以外の特徴によって，「A，B」と「C，D，E，F」に分けることができた。このときの特徴を1つ簡潔に書きなさい。（20点）

［　　　　　　　　　　　　　　　　　　］

(3) A～Fのカードを，魚類，両生類，ハ虫類，鳥類，ホ乳類の5つのなかまに分けたとき，2枚のカードは同じなかまに分類された。そのなかまは，5つのなかまのうちのどれですか。（15点）　［　　　　］〔福岡〕

2 右の図は，ある動物の頭の骨である。これについて，次の各問いに答えなさい。

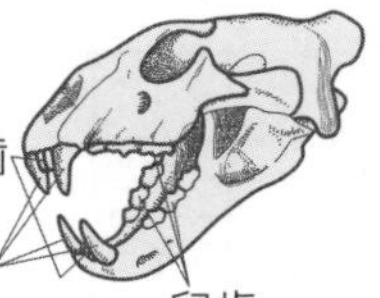

(1) この動物は肉食動物と草食動物のどちらであると考えられますか。（15点）　［　　　　］

(2) (1)のように判断した理由を，歯の特徴に着目して簡潔に書きなさい。（20点）

［　　　　　　　　　　　　　　　　　　］

動物のなかま ②

月　日

合格点 80点

得点　点

解答 ➡ P.118

1 右の図の動物について，次の各問いに答えなさい。

A クルマエビ

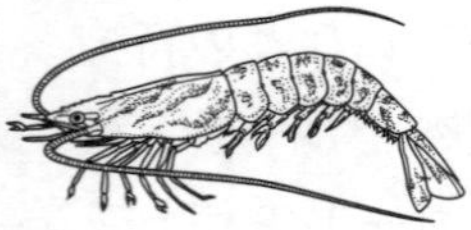

B ハエトリグモ

C トノサマバッタ

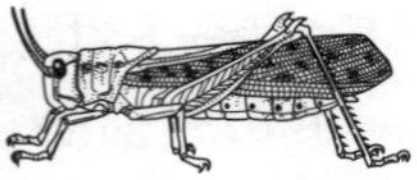

D ハマグリ

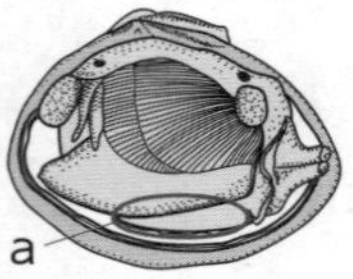

E イカ

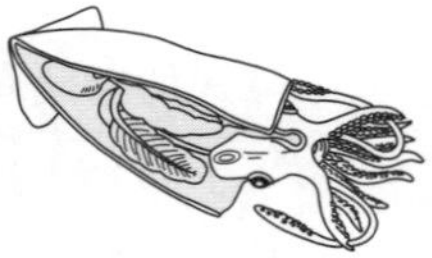

(1) A～Eのように，背骨のない動物のなかまを，何といいますか。
[　　　　] (15点)

(2) からだが外骨格でおおわれ，あしに節のある動物のなかまを，何といいますか。(15点)
[　　　　]

(3) (2)のなかまに含《ふく》まれる動物はどれか。A～Eからすべて選び，記号を書きなさい。(10点)
[　　　　]

(4) ハマグリのaのような，内臓をおおう膜《まく》を何といいますか。(15点)
[　　　　]

(5) (4)をもつ動物のなかまを，何といいますか。(15点)
[　　　　]

(6) (5)のなかまに含まれる動物はどれか。A～Eからすべて選び，記号を書きなさい。(10点)
[　　　　]

(7) A，Eに最も近い動物はカニ，ミミズ，マイマイ(かたつむり)のうちどれか。正しい組み合わせを次の**ア**～**オ**から1つ選び，記号で答えなさい。(20点)

	A	E
ア	カニ	ミミズ
イ	カニ	マイマイ(かたつむり)
ウ	マイマイ(かたつむり)	カニ
エ	マイマイ(かたつむり)	ミミズ
オ	ミミズ	カニ

[　　　　]

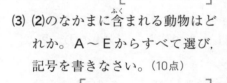

火山活動と火成岩

月　日

合格点 80点
得点　　点
解答 ➡ P.118

1 次の図１～３は，火山の形を３つに分け，模式的に表したものである。これについて，あとの各問いに答えなさい。(10点×4)

図１　　図２　　図３

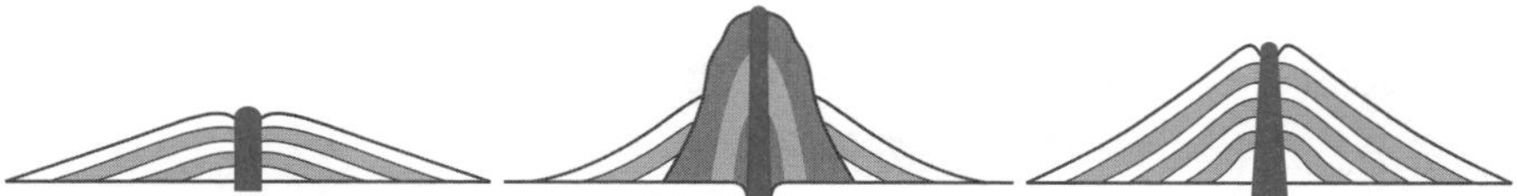

(1) 図１～図３のような火山の形の違《ちが》いは，マグマのどんな性質と関係がありますか。　［　　　］

(2) 図１～図３で，①最も激しい噴火《ふんか》をするもの　②おだやかな噴火をするものを，それぞれ書きなさい。　①［　　　］　②［　　　］

(3) 溶岩《ようがん》が固まった岩石が最も白っぽいのは，図１～図３のどれですか。　［　　　］

2 右の図は，花こう岩をルーペで観察し，スケッチしたものである。これについて，次の各問いに答えなさい。(20点×3)

(1) 右の花こう岩は，肉眼でも見える大きな結晶《けっしょう》のみでできていることがわかった。これについて，次の①，②の問いに答えなさい。

① このような岩石のつくりを何というか。そのつくりの名称《めいしょう》を書きなさい。　［　　　］

② このような岩石のつくりはどのようにしてできたか。そのでき方を「マグマ」という用語を用いて書きなさい。
［　　　　　　　　　　］

(2) 図のように，花こう岩にはチョウ石，クロウンモのほかに鉱物Aが含《ふく》まれている。この鉱物Aの名称《めいしょう》を書きなさい。　［　　　］〔新潟一改〕

月　日

地震のゆれ

合格点 80点
得点　点
解答 ➡ P.119

1 ある日，地震《じしん》が発生し，震源から 139 km 離《はな》れたA市と震源から 45 km 離れたB市でゆれを感じた。右の図は，A市およびB市での地震計の記録を模式的に示したものである。これについて，次の各問いに答えなさい。ただし，地震のゆれが伝わった速さは地点によらず，一定であったものとする。

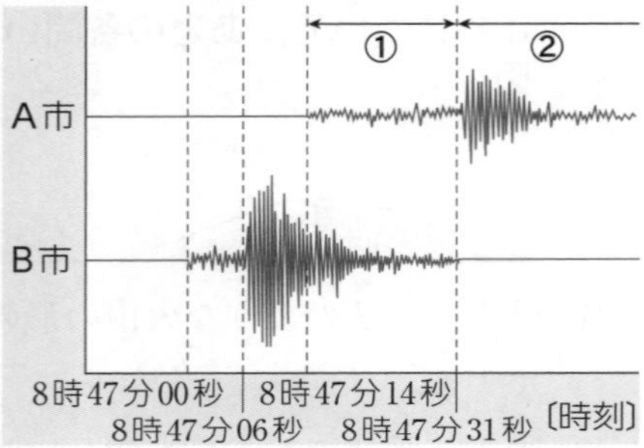

(1) 図のA市では，①のような小さなゆれと②のような大きなゆれが示された。②で示された大きなゆれを何といいますか。（15点）　[　　　]

(2) B市における初期微動継続時間《しょきびどうけいぞくじかん》は何秒か。上の図から読みとって書きなさい。（20点）　[　　　]

(3) A市およびB市の地震計の記録から考えると，小さなゆれが伝わる速さは何 km/秒か，求めなさい。ただし，答えは小数第２位を四捨五入し，小数第１位まで求めなさい。（30点）　[　　　]〔三重〕

2 わたしたちの地球の表面はプレートでおおわれ，プレートの動きにより火山活動や地震などが起こる。次の各問いに答えなさい。

(1) 右の図は，海洋プレートの沈《しず》みこみによって大陸プレートが引きずりこまれるようすを示したものである。このようなプレートの動きがみられるのは，日本列島付近で考えると，日本海側と太平洋側のどちらですか。（20点）　[　　　]

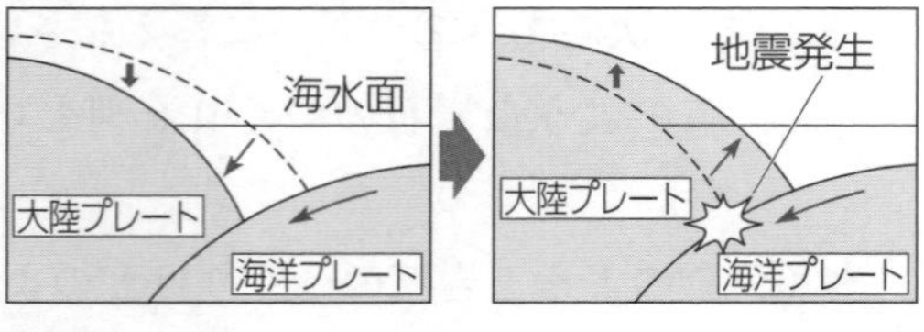

(2) 地震によって起こる，上下や水平方向の土地のくいちがいを何といいますか。（15点）　[　　　]〔沖縄一改〕

大地の変動

月　日

合格点 80点
得点　　点

解答 ➡ P.119

1 右の図は日本列島付近の４つのプレートを模式的に表したものである。これについて，次の各問いに答えなさい。

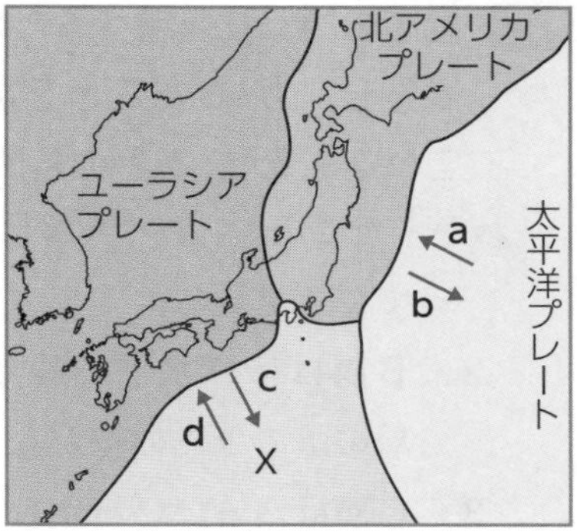

⑴ Xのプレートの名称《めいしょう》を書きなさい。(20点)

[　　　　　　　　　　　　　　]

⑵ プレートの動く向きはどれか。右の図のa～dからすべて選び，記号で答えなさい。(20点)　[　　　　　　]

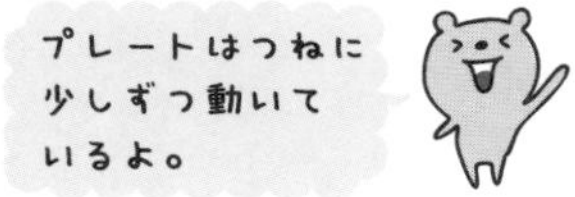

2 右の図は日本列島付近のプレートを模式的に表したものである。これについて，次の各問いに答えなさい。

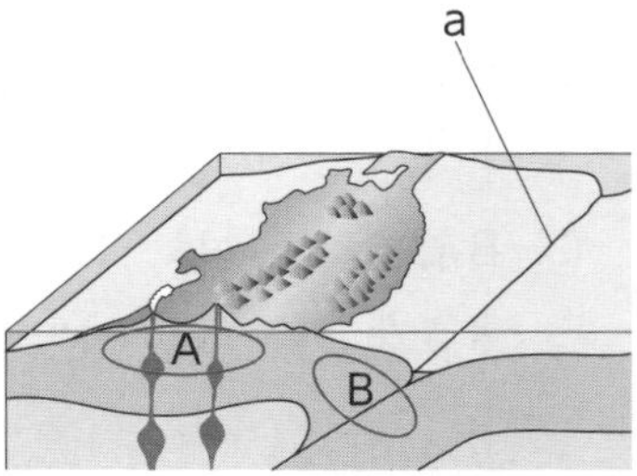

⑴ 図のaのように，海底で深い溝のようになっている所を何といいますか。(15点)

[　　　　]

⑵ 次の文は，図の⬭で囲まれたAおよびBの部分で起こる地震《じしん》について説明したものである。[　]の中に，あてはまる語句をそれぞれ書きなさい。

(15点×3)

Aの部分で起こる地震の震源の深さは[①　　　　]，Bの部分で起こる地震の震源の深さは太平洋側から日本列島の下に向かって[②　　　　]なっている。また，Aの部分で起こる地震とBの部分で起こる地震の規模を比べると，[③　　　]の部分で起こる地震のほうが，マグニチュードの大きい地震になることが多い。

地層のようす

月　日

合格点 80点
得点　　点
解答 ➡ P.119

1 地層のつくりを調べるため，あるがけの地層を観察し，わかったことを次のようにまとめた。これをもとに，あとの各問いに答えなさい。

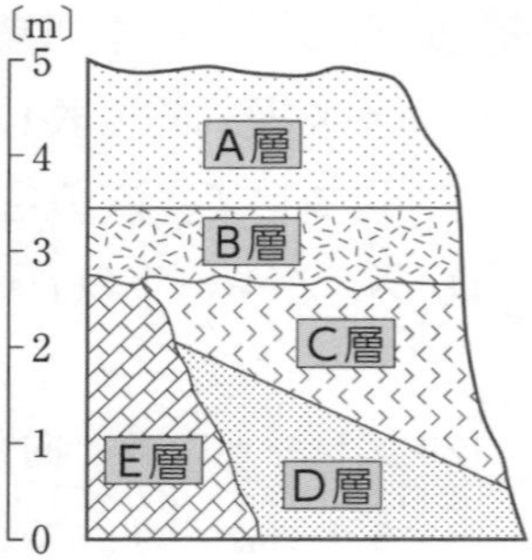

〔わかったこと〕　1．A層はうすい茶色の凝灰岩《ぎょうかいがん》でできている。

2．B層はほぼ水平で砂でできた地層である。層の下のほうの粒《つぶ》が大きくなっている。

3．C層は白っぽい石からできていて，先生から石灰岩《せっかいがん》だと聞いた。

4．D層は砂からできているが，B層よりもかたい。

5．E層は灰色の火成岩でできている。

(1) A～E層はどのような順序でできたか。古いものから順に，A～Eを並《なら》べかえなさい。(20点)　[　　→　　→　　→　　→　　]

(2) A層より，当時起こったと考えられることを簡潔に書きなさい。(20点)

[　　　　　　　　]

(3) B層では下のほうほど粒が大きくなっていた。このように堆積した理由を書きなさい。(20点)

[　　　　　　　　]

(4) 土砂がおしかためられてできる泥岩・砂岩・れき岩は，何によって種類が区別されますか。(20点)　[　　　　]

(5) C層から採取した岩石に，ある液体をかけたところ，気体が発生した。これについて，次の①，②の問いに答えなさい。(10点×2)

① この液体は何か。次の**ア**～**エ**から1つ選びなさい。　[　　]

ア エタノール　　**イ** 水酸化ナトリウム水溶液《すいようえき》

ウ アンモニア水　　**エ** 塩酸

② このとき発生した気体は何ですか。　[　　　　]〔石川—改〕

地層の年代と化石

1 がけに現れている地層Pを観察すると，この地層は砂岩でできており，ビカリアの化石が見つかった。次の各問いに答えなさい。

(1) 地層の調査を中心とする野外観察のしかたとして適当なものを，次の**ア**～**エ**から2つ選び，記号で答えなさい。(20点×2)　[　　][　　]

ア 地図で位置を確認し，地層全体をスケッチする。

イ 地層はけずらずに，表面の色を観察する。

ウ 地層をつくっているものを観察するときはルーペを使う。

エ 化石を見つけた場合は，すべて採集する。

(2) 砂岩のように，砂や泥《どろ》，生物の死がいなどが積み重なり，おしかためられてできた岩石をまとめて何といいますか。(20点)　[　　]

(3) 地層Pから離《はな》れた場所に，砂岩でできた地層Qがあり，この地層からは恐《きょう》竜《りゅう》の化石が見つかっている。地層P，Qのできた年代について正しく述べたものを次の**ア**～**エ**から1つ選び，記号で答えなさい。(20点)　[　　]

ア 含《ふく》まれる化石から，地層Pのできた年代のほうが古い。

イ 含まれる化石から，地層Qのできた年代のほうが古い。

ウ ともに砂岩であることから，地層P，Qのできた年代は同じである。

エ ともに砂岩であることと含まれる化石からは，地層P，Qのできた年代は判断できない。

〔鹿児島一改〕

2 右の図は，地層を観察したときのスケッチで，Aの地層からシジミの化石が見つかった。これについて，次の各問いに答えなさい。(10点×2)

(1) Aの地層は，どんな環境《かんきょう》のところにできたと推定できますか。　[　　]

(2) シジミのように，地層が堆積《たいせき》した当時の環境がわかる化石を何といいますか。　[　　]〔青森一改〕

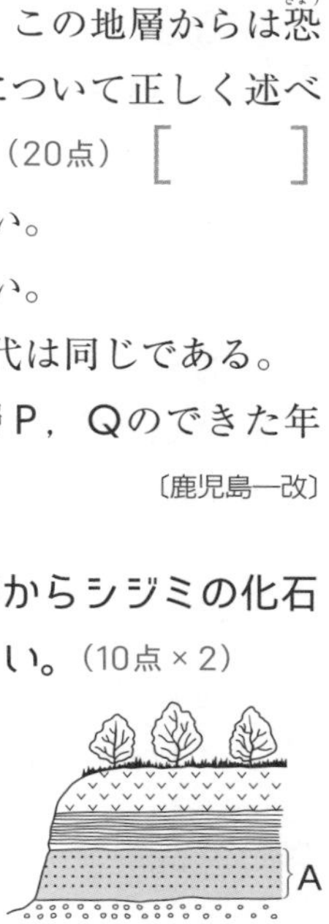

月　日

理科 64

火山災害・地震災害

合格点 75点

得点　　点

解答 ➡ P.119

1 火山災害や地震《じしん》災害に関する文章について，次の各問いに答えなさい。

日本には4つの(①)があり，その(①)の移動にともない火山活動や地震が発生する。火山の噴火《ふんか》により火山灰や火山弾《かざんだん》が飛び，(②)が起きたり，火山噴火後に(③)が発生したりすることで火山付近の住宅に被害がおよぶこともある。また，地震は建物の倒壊《とうかい》や土砂くずれ，(④)などを起こし，(⑤)により大きな災害を引き起こすこともある。

(1) ①は，地球の表面をおおう岩盤《がんばん》を表す言葉が入る。その名称《めいしょう》を書きなさい。（10点）

[　　　　]

(2) ②は，火山灰や溶岩の破片などが高温の火山ガスとともに高速で山の斜面《しゃめん》を流れ下る現象である。その名称を書きなさい。（15点）

[　　　　]

(3) ③は，山の斜面に積もった土砂や火山灰が水とともに流される現象である。その名称を書きなさい。（15点）

[　　　　]

(4) ④は，地震のゆれによって，土地が急に軟弱化《なんじゃくか》する現象である。その名称を書きなさい。（15点）

[　　　　]

(5) ⑤は，海底で地震が起こると発生することがある大きな波である。その名称を書きなさい。（15点）

[　　　　]

(6) 火山の噴火や⑤による被害が想定される地域でつくられる，被害がおよぶと予測される地域や避難《ひなん》場所，避難経路をまとめた地図を何といいますか。（15点）

[　　　　]

(7) 地震計のデータから，震度や主要動の到達《とうたつ》時刻を予想し，主要動が到達する数秒前に発表されるものを何といいますか。（15点）

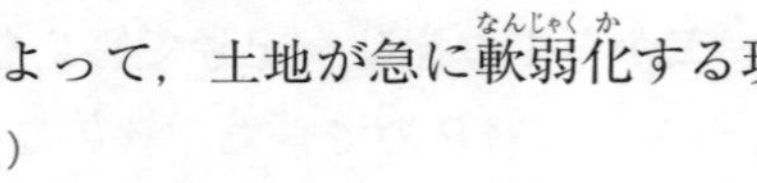
テレビやラジオ，携帯電話
などで受信できるよ。

[　　　　]

これは学校です。

This is a school.

合格点 80点
得点　　点

解答 ➡ P.120

1 日本文に合うように，＿＿に適する１語を書きなさい。（10点×4）

(1) これはアリです。

______ ______ an ant.

(2) あちらはジョーンズさんです。

______ ______ Mr. Jones.

That is の短縮形は That's と表すよ。

(3) あれはヒロコのギターです。

______ Hiroko's guitar.

(4) あれは卵ではありません。それはボールです。

______ ______ an egg. ______ a ball.

2 次の英文を日本語になおしなさい。（12点×2）

(1) That's a new umbrella.

[　　　　　　　　　　　　　　　　　　　　]

(2) This is not Yukako's apron.

[　　　　　　　　　　　　　　　　　　　　]

3 日本文に合うように，(　)内の語を正しく並べかえなさい。（12点×3）

(1) これは大きな犬です。

(dog, is, big, this, a).

____

(2) それはマイクのうで時計ではありません。

(not, Mike's, watch, it's).

____

(3) あれはノートです。

(notebook, is, that, a).

____

月　日

英語 66

これはいすですか。

Is this a chair ?

合格点 80点

得点　点

解答 ➡ P.120

1 日本文に合うように，適する語句を選んで書きなさい。（10点×4）

(1) あれはミカの本ですか。

(Is that, That is) Mika's book ?　……………………

(2) はい，そうです。((1)の答えとして)

Yes, (that's, it's, it is).　……………………

(3) これはあなたのえんぴつですか。

Is this (a, your, my) pencil ?　……………………

(4) いいえ，ちがいます。((3)の答えとして)

No, (this, it, that) isn't.　……………………

2 次の英文を(　)内の指示通りに書きかえなさい。（12点×3）

(1) This is a desk.　(疑問文に)

……………………………………………………

(2) That's a new cup.　(下線部を old にかえて)

……………………………………………………

(3) Is that your camera ?　(yes で答える文)

……………………………………………………

3 日本文に合うように，(　)内の語や符号を正しく並べかえなさい。（12点×2）

(1) あれはシマウマですか。

(that, zebra, is, a)?

……………………………………………………

(2) いいえ，ちがいます。((1)の答えとして)

(it's, no, not / ,).

……………………………………………………

月　　日

これはわたしの部屋です。
This is my room.

合格点 80点
得点　　　点

解答 ➡ P.120

1 日本文に合うように，＿＿＿に適する語を右から選んで書きなさい。（8点×4）

your
his
their
our

(1) あれは彼らの犬ではありません。

That's not ＿＿＿＿＿＿ dog.

(2) あれはわたしたちの学校です。

That is ＿＿＿＿＿＿ school.

(3) あの男性はあなたたちの先生ですか。

Is that man ＿＿＿＿＿＿ teacher ?

(4) こちらはケンです。彼のお父さんは先生です。

This is Ken. ＿＿＿＿＿＿ father is a teacher.

2 次の会話が成り立つように，＿＿＿に適する代名詞を書きなさい。（12点×3）

(1) *A* : Is this your camera ?

B : Yes, it is. It's ＿＿＿＿＿＿ camera.

(2) *A* : Is that Keiko's desk ?

B : No, it isn't. It isn't ＿＿＿＿＿＿ desk. It's my desk.

(3) *A* : Is that your brother's bag ?

B : Yes, it is. It's ＿＿＿＿＿＿ bag.

3 日本文に合うように，(　)内の語を正しく並べかえなさい。（16点×2）

(1) 彼らのお父さんは医者です。

(doctor, father, a, their, is).

＿＿＿＿＿＿＿＿＿＿＿＿＿＿＿＿＿＿＿＿＿＿＿＿

(2) あれはあなたの新しい自転車ですか。

(your, is, bike, that, new)?

＿＿＿＿＿＿＿＿＿＿＿＿＿＿＿＿＿＿＿＿＿＿＿＿

英語 68

わたしは先生です。
I am a teacher.

合格点 80点
得点　　点
解答 ➡ P.120

1 日本文に合うように，……に適する1語を書きなさい。(8点×4)

(1) わたしは新入生です。

…… …… a new student.

(2) あなたはよい生徒です。

…… …… a good student.

(3) あなたは北海道出身ですか。

…… …… from Hokkaido ?

(4) いいえ，ちがいます。((3)の答えとして)

No, …… …… .

2 次の英文を(　)内の指示通りに書きかえなさい。(10点×2)

(1) You are an English teacher. (疑問文に)

……

(2) Are you a tennis player ? (yes で答える文)

……

3 日本文に合うように，(　)内の語を正しく並べかえなさい。ただし，不足する1語を補うこと。(16点×3)

(1) 君はよい少年です。

(a, boy, good).

……

(2) わたしはカナダ出身ではありません。

(Canada, am, from, I).

……

(3) あなたはケンの妹さんですか。

(sister, you, Ken's)?

……

月　　日

彼女は大阪出身です。
She is from Osaka.

合格点 80点
得点　　点
解答 ➡ P.121

1 ________ に **He's, She's, It's** のいずれかを書きなさい。(7点×3)

(1) This is Alice. ________ from Australia.

(2) Is Hideki your brother ?

— No. ________ Mika's brother.

(3) That isn't my camera. ________ my father's camera.

2 日本文に合うように, ________ に適する1語を書きなさい。(9点×3)

(1) こちらはエミです。彼女は歌手です。

This is Emi. ________ ________ a singer.

(2) 岡田さんはあなたのおばさんですか。— はい, そうです。

________ Ms. Okada your aunt ?

— Yes, ________ ________.

(3) 彼はロンドン出身ではありません。

________ ________ from London.

3 次の英文を(　)内の指示通りに書きかえなさい。(13点×4)

(1) She is Kenji's grandmother. (否定文に)

____

(2) Kazu is a good soccer player. (疑問文に)

____

(3) Is Yuka a teacher ? (no で答える文)

____

(4) Emi's father is a teacher. (下線部を代名詞にかえて)

____

英語 70

▶疑問詞①

月　日

これは何ですか。

What is this ?

合格点 80点

得点　　点

解答 ➡ P.121

1 日本文に合うように，……に適する１語を書きなさい。（6点×4）

⑴ あれは何ですか。

………… ………… that ?

⑵ それは古いテーブルです。（⑴の答えとして）

………… ………… old table.

⑶ この少年はだれですか。

………… ………… this boy ?

⑷ どちらがあなたの犬ですか。

………… ………… your dog ?

2 次の質問に対する最も適切な答えを下から選んで，記号で答えなさい。

（8点×5）

⑴ Is this your apple ?　[　　]

⑵ Is this girl Eri ?　[　　]

⑶ What's that ?　[　　]

⑷ Are you Mika ?　[　　]

⑸ Who is that man ?　[　　]

What, Who,
Which で始まる
疑問文には
具体的に答えるよ。

ア Yes, she is.　イ No, it isn't.

ウ Yes, I am.　エ He is my teacher.　オ It's an apple.

3 次の英文を(　)内の指示通りに書きかえなさい。（12点×3）

⑴ This is <u>a new camera</u>.（下線部をたずねる文に）

…………………………………………

⑵ That boy is <u>Kenta</u>.（下線部をたずねる文に）

…………………………………………

⑶ Who is this tall girl ?（「わたしの妹です。」と答える文）

…………………………………………

月　日

英語 71

これはだれのかばんですか。

Whose bag is this ?

合格点 80点
得点 　点

解答 ➡ P.121

1 日本文に合うように，＿＿に適する１語を書きなさい。（12点 × 3）

(1) これはだれのノートですか。― わたしのです。

＿＿＿＿＿ ＿＿＿＿＿ is this ?

― ＿＿＿＿＿ ＿＿＿＿＿.

(2) あなたの学校はどこですか。― 駅の近くです。

＿＿＿＿＿ ＿＿＿＿＿ your school ?

― ＿＿＿＿＿ near the station.

(3) この自転車はだれのものですか。― あなたのです。

＿＿＿＿＿ ＿＿＿＿＿ this bike ?

― ＿＿＿＿＿ ＿＿＿＿＿.

2 次の会話が成り立つように，＿＿に適する１語を書きなさい。（10点 × 3）

(1) *A* : ＿＿＿＿＿ ＿＿＿＿＿ is it in London now ?

B : It's eight o'clock.

(2) *A* : ＿＿＿＿＿ racket is this ?

B : It's my sister's.

(3) *A* : ＿＿＿＿＿ is your house ?

B : It's next to Mika's house.

3 次の英文を，下線部をたずねる疑問文に書きかえなさい。（17点 × 2）

(1) The library is <u>near the gym</u>.

＿＿＿＿＿＿＿＿＿＿＿＿＿＿＿＿＿＿＿＿

(2) That is <u>his brother's</u> car.

＿＿＿＿＿＿＿＿＿＿＿＿＿＿＿＿＿＿＿＿

英語 72

▶複数形

月　日

これらは彼女の本です。
These are her books.

合格点 80点

得点 　点

解答 ➡ P.121

1 例にならって，次の語にあとの日本語の意味をつけ加えて書きなさい。（6点×5）

〔例〕desk「５つの」→ five desks

(1) cup　「３つの」　…………　…………

(2) bus　「８台の」　…………　…………

(3) watch　「10 個の」　…………　…………

(4) leaf　「７枚の」　…………　…………

(5) country　「15 の」　…………　…………

2 次の(　)内から適する語句を選んで，○で囲みなさい。（6点×3）

(1) These are my (cat, a cat, cats).

(2) (That, Those, It) are our cameras.

(3) (Is, Are, Am) these pictures yours ?

3 日本文に合うように，……に適する１語を書きなさい。（8点×3）

(1) これらはわたしの兄の CD ではありません。

………… ………… my brother's CDs.

(2) あれらの少女たちはだれですか。

………… ………… those girls ?

(3) これらはだれのえんぴつですか。

………… ………… are these ?

these, those が主語のとき，be 動詞は are を使うよ。

4 次の英文を(　)内の指示通りに書きかえなさい。（14点×2）

(1) This is a small box.　（下線部を複数にかえて）

…………………………………………

(2) That's your bag.　（下線部を「３つのかばん」の意味にかえて）

…………………………………………

月　日

わたしたちはクラスメートです。
We are classmates.

合格点 80点
得点 点

解答 ➡ P.122

1 次の質問に対する最も適切な答えを下から選んで，記号で答えなさい。（9点×3）

(1) Are Ken and Hiroshi baseball players ?　[　　]
(2) Are you and Miki sisters ?　[　　]
(3) Are you sisters or friends ?　[　　]

ア Yes, he is.　イ Yes, I am.　ウ Yes, we are.
エ We are sisters.　オ Yes, they are.

2 日本文に合うように，……に適する1語を書きなさい。（10点×4）

(1) わたしたちはサッカー選手です。
…………　………… soccer players.

(2) あなたたちは兄弟ですか。— はい，そうです。
…………　………… brothers ?
— Yes, …………　………….

(3) あの少年たちは新入生です。
…………　…………　………… new students.

(4) わたしはぼうしを２つ持っています。それらはとてもすてきです。
I have two caps. …………　………… very nice.

3 次の英文を(　)内の指示通りに書きかえなさい。（11点×3）

(1) We are from Australia.（否定文に）
……………………………………

(2) They are our teachers.（疑問文に）
……………………………………

(3) Who is <u>she</u> ?（下線部を複数形にかえて）
……………………………………

英語 74

▶一般動詞

月　日

わたしは音楽が大好きです。

I like music very much.

合格点 80点

得点　点

解答 ➡ P.122

1 日本文に合うように，＿＿に適する１語を書きなさい。（10点×5）

(1) あなたは毎日理科を勉強します。

You ＿＿＿＿＿＿＿＿ science every day.

(2) わたしはハンバーガーが好きです。

I ＿＿＿＿＿＿＿＿ hamburgers.

(3) あの少女たちはよく公園を走っています。

Those girls often ＿＿＿＿＿＿＿＿ in the park.

(4) あなたたちはとても上手に英語を話します。

You ＿＿＿＿＿＿＿＿ English very well.

(5) わたしは新しいかばんがほしいです。

I ＿＿＿＿＿＿＿＿ a new bag.

2 次の(　)内から適する語を選んで，○で囲みなさい。（6点×4）

(1) Your teachers know (I, my, me).

(2) I sometimes help (he, his, him).

(3) This is Emiko. I go to school with (she, her, hers).

(4) These are my dogs. I love (they, him, them).

3 日本文に合うように，(　)内の語句を正しく並べかえなさい。（13点×2）

(1) あなたは毎日ピアノを弾きます。

(piano, you, the, every, play) day.

＿＿＿＿＿＿＿＿＿＿＿＿＿＿＿＿＿＿＿＿＿＿＿＿ day.

(2) わたしはふつう，兄とテニスをします。

(my brother, tennis, I, play, with, usually).

＿＿＿＿＿＿＿＿＿＿＿＿＿＿＿＿＿＿＿＿＿＿＿＿

月　日

タクヤはテニスが好きです。
Takuya likes tennis.

合格点 80点
得 点　　点
解答 ➡ P.122

1 日本文に合うように，…………に適する１語を書きなさい。（6点×4）

(1) わたしの兄はテレビでサッカーの試合を見ます。
My brother ………………………… soccer games on TV.

(2) アキは毎週３冊の本を読みます。
Aki ………………………… three books every week.

主語が３人称
単数で現在の文
では動詞の形
に注意！

(3) わたしの父はニューヨークに住んでいます。
My father ………………………… in New York.

(4) ジムは新しい自転車を持っています。
Jim ………………………… a new bike.

2 [　] 内の語を適する形にかえて，…………に書きなさい。（8点×5）

(1) Mai ………………………… English every morning. [study]

(2) My sister ………………………… to the library every Saturday. [go]

(3) Jack ………………………… this song every day. [sing]

(4) Ms. Harada ………………………… music. [teach]

(5) He often ………………………… fishing. [enjoy]

3 次の英文を(　)内の指示通りに書きかえなさい。（12点×3）

(1) I help Ms. Green every day. （I を She にかえて）

…………………………………………………………………………

(2) You use this computer. （You を Your father にかえて）

…………………………………………………………………………

(3) Aki and I eat breakfast at seven. （Aki and I を Aki にかえて）

…………………………………………………………………………

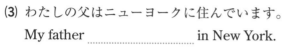

英語 76

月　日

あなたは自転車を持っていますか。

Do you have a bike ?

合格点 80点

得点　　点

解答 ➡ P.122

1 日本文に合うように，______に適する１語を書きなさい。（10点×3）

(1) あなたはミカのお兄さんを知っていますか。

______ you ______ Mika's brother ?

(2) 彼らはスポーツが好きですか。

______ they ______ sports ?

(3) ケンは毎朝英語を勉強しますか。

______ Ken ______ English every morning ?

2 次の英文を疑問文に書きかえ，(　)内の語を使って，答えの文も書きなさい。（14点×3）

(1) Those students clean their rooms.　(yes)

______

______

(2) Yuki goes to school by bus.　(no)

______

______

(3) The boy has a good racket.　(yes)

______

______

3 日本文に合うように，(　)内の語を正しく並べかえなさい。（14点×2）

(1) あなたは毎日音楽を聞きますか。

(you, music, do, to, listen) every day ?

______ every day ?

(2) あなたのお父さんは上手に料理しますか。

(cook, does, father, well, your)?

______

月　　日

彼は野球をしません。
He doesn't play baseball.

合格点 80点
得点 　　点
解答 ➡ P.123

1 日本文に合うように，…… に適する1語を書きなさい。（8点×3）

(1) わたしはテレビを見ません。

I …………… …………… TV.

(2) 田中さんはわたしを知りません。

Mr. Tanaka …………… …………… me.

(3) ユキは京都に住んでいません。

Yuki …………… …………… in Kyoto.

2 次の英文を否定文に書きかえなさい。（10点×4）

(1) I play the guitar.

……………………………………………………

(2) Mary studies Japanese hard.

……………………………………………………

(3) Miki and I walk to school.

……………………………………………………

(4) My father gets up early.

……………………………………………………

3 次の英文を日本語になおしなさい。（12点×3）

(1) I don't like soccer very much.

[　　　　　　　　　　　　　　　　　　　　]

(2) My sister doesn't have any CDs.

[　　　　　　　　　　　　　　　　　　　　]

(3) Yukari doesn't eat apples.

[　　　　　　　　　　　　　　　　　　　　]

合格点 80点

得点　　点

解答 ➡ P.123

わたしは英語が話せます。

I can speak English.

1 日本文に合うように，＿＿に適する1語を書きなさい。（10点×5）

(1) わたしは速く泳げます。

I ＿＿＿＿ ＿＿＿＿ fast.

(2) わたしの父は中国語が読めます。

My father ＿＿＿＿ ＿＿＿＿ Chinese.

(3) わたしたちは上手に料理ができません。

We ＿＿＿＿ ＿＿＿＿ well.

(4) エリカは英語の歌を歌えますか。

＿＿＿＿ Erika ＿＿＿＿ English songs ?

(5) はい，歌えます。((4)の答えとして)

Yes, ＿＿＿＿ ＿＿＿＿.

2 次の英文を(　)内の指示通りに書きかえなさい。（10点×3）

(1) You can play the violin.　(疑問文に)

＿＿＿＿＿＿＿＿＿＿＿＿＿＿＿＿

(2) Ken's dog runs very fast.　(can を加えて)

＿＿＿＿＿＿＿＿＿＿＿＿＿＿＿＿

(3) The boy can use this computer.　(否定文に)

＿＿＿＿＿＿＿＿＿＿＿＿＿＿＿＿

3 日本文に合うように，(　)内の語を正しく並べかえなさい。（10点×2）

(1) ジェーンは日本語を書くことができません。

(write, Jane, Japanese, cannot).

＿＿＿＿＿＿＿＿＿＿＿＿＿＿＿＿

(2) あなたの弟は自転車に乗れますか。

(brother, bike, a, your, can, ride)?

＿＿＿＿＿＿＿＿＿＿＿＿＿＿＿＿

月　　日

窓を開けなさい。
Open the window.

合格点 80点
得点 　　点

解答 ➡ P.123

1 日本文に合うように，＿＿に適する1語を書きなさい。(10点×5)

(1) 起きなさい，ボブ。

＿＿＿＿ ＿＿＿＿, Bob.

(2) どうぞ座ってください。

＿＿＿＿ ＿＿＿＿ down.

(3) わたしたちの教室を掃除しましょう。

＿＿＿＿ ＿＿＿＿ our classroom.

(4) はい，そうしましょう。((3)への応答文として)

＿＿＿＿, ＿＿＿＿.

(5) ここで昼食を食べないでください。

＿＿＿＿ ＿＿＿＿ eat lunch here.

please は文頭か文末におくよ。文末では please の前にコンマが必要！

2 次の英文を(　)内の指示通りに書きかえなさい。(11点×2)

(1) You speak English in this room.　(命令文に)

＿＿＿＿＿＿＿＿＿＿＿＿＿＿＿＿

(2) You swim in the river.

(don't を使い「〜してはいけません」と禁止する文に)

＿＿＿＿＿＿＿＿＿＿＿＿＿＿＿＿

3 日本文に合うように，(　)内の語を正しく並べかえなさい。(14点×2)

(1) このコンピュータを使ってはいけません。

(this, don't, computer, use).

＿＿＿＿＿＿＿＿＿＿＿＿＿＿＿＿

(2) 放課後テニスをしましょう。

(play, after, tennis, let's) school.

＿＿＿＿＿＿＿＿＿＿＿＿＿＿＿＿ school.

英語 80

▶疑問詞②

月　　日

あなたは何がほしいですか。

What do you want ?

合格点 80点

得　点　　　点

解答 ➡ P.124

1 日本文に合うように，＿＿に適する1語を書きなさい。（9点×4）

(1) あなたは夕食後に何をしますか。

＿＿＿＿ ＿＿＿＿ you ＿＿＿＿ after dinner ?

(2) あなたは何人の姉妹がいますか。

＿＿＿＿ many ＿＿＿＿ do you ＿＿＿＿ ?

(3) だれがこのコンピュータを使いますか。

＿＿＿＿ uses this computer ?

(4) ユキは犬とねことでは，どちらが好きですか。

＿＿＿＿ ＿＿＿＿ Yuki ＿＿＿＿, dogs or cats ?

2 次の英文を，下線部をたずねる疑問文に書きかえなさい。（12点×2）

(1) They need <u>three</u> oranges.

＿＿＿＿＿＿＿＿＿＿＿＿＿＿＿＿

(2) <u>Akira</u> studies English hard.

＿＿＿＿＿＿＿＿＿＿＿＿＿＿＿＿

3 次の質問に対する最も適切な答えを下から選んで，記号で答えなさい。
（10点×4）

(1) How many books do you read every week ?　[　　]

(2) What does your father have in his bag ?　[　　]

(3) Who runs very fast ?　[　　]

(4) Which do you play, tennis or soccer ?　[　　]

ア I play soccer.　　イ I read three books.

ウ He has three books.　　エ My father does.

英語 81

月　　日

あなたはいつ野球をしますか。

When do you play baseball ?

合格点 80点

得点　　点

解答 ➡ P.124

1 次の(　)内から適する語を選んで，〇で囲みなさい。(3点×4)

(1) When (is, are, do) Mika's birthday party ?

(2) When (is, are, do) you go to the library ?

(3) Where (is, do, does) your sister go every Sunday ?

(4) Where (is, are, do) my notebooks ?

2 日本文に合うように，______に適する1語を書きなさい。(8点×5)

(1) あなたのお姉さんはいつ泳ぎますか。

______ ______ your sister ______ ?

(2) あなたは何時に寝ますか。

______ ______ ______ you go to bed ?

(3) あなたはどこでテニスをしますか。

______ ______ you ______ tennis ?

(4) ケンはどのようにしてここに来ますか。

______ ______ Ken ______ here ?

(5) あなたの誕生日はいつですか。

______ ______ your birthday ?

3 次の英文を，下線部をたずねる疑問文に書きかえなさい。(12点×4)

(1) The girls go to the library <u>by bus</u>.

____

(2) Emi eats breakfast <u>at seven forty</u>.

____

(3) Yuji studies in the library <u>after school</u>.

____

(4) They live <u>in New York</u>.

____

英語

82

▶現在進行形

月　日

わたしは今，ピアノを弾いています。

I am playing the piano now.

合格点 80点

得点　　点

解答 ➡ P.124

1 次の(　)内から適する語を選んで，○で囲みなさい。(5点×4)

(1) Hiroko is (cooks, cooking) now.

(2) Mike and Yumi (is, are) watching TV now.

(3) We are (do, doing) our homework now.

(4) Saori (isn't, doesn't) cleaning her room.

2 日本文に合うように，______に適する1語を書きなさい。(7点×4)

(1) アヤカは今，テレビゲームをしています。

Ayaka ______ ______ a video game now.

(2) わたしは犬小屋をつくっているところです。

I ______ ______ a doghouse.

(3) この少女たちは今，数学を勉強していません。

These girls ______ ______ math now.

(4) わたしの父は今，走っています。

My father ______ ______ now.

3 次の英文を(　)内の指示通りに書きかえなさい。(13点×4)

(1) I swim in the sea.　(現在進行形の文に)

______

(2) They don't write letters.　(現在進行形の文に)

______

(3) I am helping Mr. Smith.　(下線部を We にかえて)

______

(4) Yumi is talking with Emi.　(下線部を Yumi and Ken にかえて)

______

英語 83

月　日

あなたはケーキを作っているところですか。
Are you making a cake ?

合格点 80点
得点 ____ 点
解答 ➡ P.125

1 日本文に合うように，____に適する１語を書きなさい。(9点×4)

(1) あなたの友だちは今，泳いでいますか。

______ your friends ______ now ?

(2) 彼はテニスを練習しているところですか。

______ he ______ tennis ?

(3) あなたは今，パーティーを楽しんでいますか。

______ you ______ the party now ?

(4) ユカは今，何をしていますか。

______ ______ Yuka ______ now ?

2 次の英文を(　)内の指示通りに書きかえなさい。(12点×3)

(1) Mr. Brown is taking pictures.　(疑問文に)

______

(2) Who is helping that old man ?　(「ミサキです。」と答える文)

______

(3) Yuji is riding Ken's bike.　(下線部をたずねる疑問文に)

______

3 日本文に合うように，(　)内の語を正しく並べかえなさい。(14点×2)

(1) 彼らは公園で走っていますか。

(running, park, the, they, are, in)?

______

(2) ナンシーは何を読んでいますか。

(is, reading, Nancy, what)?

______

英語 84

▶過去形

月　日

わたしは昨日テニスをしました。
I played tennis yesterday.

合格点 80点
得点 　点
解答 ➡ P.125

1 [　]内の語を過去形にかえて，______ に書きなさい。（6点 × 5）

(1) I ______ Tom's camera last week. ［use］

(2) The car ______ just in front of me. ［stop］

(3) My father ______ these boxes last night. ［carry］

(4) I ______ Yumi's cat near my house. ［see］

(5) Yuji and I ______ to the library together. ［go］

2 日本文に合うように，______ に適する１語を書きなさい。（8点 × 5）

(1) わたしは昨日の夜，遅く帰宅しました。

I ______ home late ______ night.

(2) あなたは歩いて学校へ行きましたか。

______ you ______ to school ?

(3) わたしのおじはわたしの友だちのアキを知りませんでした。

My uncle ______ ______ my friend Aki.

(4) あなたはいつあなたの部屋を掃除しましたか。

______ ______ you ______ your room ?

(5) だれが６時に起きましたか。

______ ______ up at six ?

3 次の英文を(　)内の指示通りに書きかえなさい。（10点 × 3）

(1) They spoke English well. （疑問文に）

______

(2) My mother read this book. （否定文に）

______

(3) What did Eri study ? （「数学を勉強した」と答える文）

______

月　日

国語 85

漢字・語句

合格点 80点
得点　点

解答 ➡ P.125

1

次の――線のカタカナは漢字に直し、漢字は読み方を書きなさい。（5点×10）

(1) 本の**ヘンシュウ**をする。
(2) 先生を**ウヤマ**う。
(3) **テキトウ**な長さに切る。
(4) **セイギ**感が強い。
(5) 自分の行いを**カエリ**みる。
(6) 新しい**雑巾**を用意する。
(7) 高い壁《かべ》が立ち**塞**がる。
(8) 興味が**湧**いてきた。
(9) 急な**勾配**を登っていく。
(10) **一旦**停止の標識。

2

次の□に適切な漢字一字を入れ、四字熟語とことわざを完成させなさい。（5点×10）

(1) □肉□食
(2) 一□同□
(3) 完□無□
(4) 晴□雨□
(5) 以□伝□
(6) 住めば□
(7) □の持ちぐされ
(8) □は金なり
(9) □聞は一見にしかず
(10) □は友を呼ぶ

月　日

漢字の成り立ち・部首

合格点 80点

得点　点

解答 ➡ P.125

1 次の漢字の成り立ちは、**ア**象形・**イ**指事・**ウ**会意・**エ**形声のどれにあたりますか。記号で答えなさい。（4点×8）

(1) 河［　］　(2) 明［　］

(3) 本［　］　(4) 花［　］

(5) 鳥［　］　(6) 中［　］

(7) 鳴［　］　(8) 目［　］

2 次の漢字は、いずれも形声文字です。音と意味を表す部分に分け、それぞれ書きなさい。（4点×3）

音　意味

(1) 晴　［　］＋［　］

(2) 問　［　］＋［　］

(3) 忠　［　］＋［　］

3 次の種類の部首を持つ漢字を後から一つずつ選んで□に書き、その部首名を［　］に書きなさい。（4点×14）

(1)  へん　□［　］

(2)  つくり　□［　］

(3)  かんむり　□［　］

(4)  あし　□［　］

(5)  たれ　□［　］

(6)  にょう　□［　］

(7)  かまえ　□［　］

庶　盟　医　即　独　趣　容

言葉の単位

合格点 80点
得点 　点
解答 ➡ P.126

1 次の言葉の単位を大きいものから順に並べ、記号で答えなさい。（15点）

ア 文節　**イ** 段落　**ウ** 単語
エ 文章　**オ** 文

［　→　→　→　→　］

2 次の文はいくつの文節から成り立っていますか。数字で答えなさい。（8点×5）

(1) 宇宙に行くのがぼくの夢だ。［　］

(2) 今後中国との貿易がますます盛《さか》んになるだろう。［　］

(3) クラスが一丸となって体育祭での優勝を目指そうと誓《ちか》った。［　］

(4) 私には難しい質問だったので黙《だま》っていた。［　］

(5) ここにいると移りゆく季節が身をもって感じられる。［　］

3 次の文を例にならって単語に分けなさい。（5点×9）

例 明日／から／夏休み／だ。

(1) 私は中学生です。

(2) 今日のニュースを見る。

(3) 時にはけんかも必要だ。

(4) そうじの手伝いを快く引き受ける。

(5) 波の上で遊ぶ水鳥がいる。

(6) 階段で転びそうになった。

(7) とても静かな夜だった。

(8) 姉に解き方を教えてもらう。

(9) 勤勉な仕事ぶりが認められた。

文の成分

月　日

合格点 80点

得点　点

解答 ➡ P.126

1 次の――線の言葉は、文の成分としては何にあたりますか。後から選び、記号で答えなさい。（8点×8）

(1) キリンは首の長い動物だ。［　］

(2) 犬を連れて少年は土手を歩いた。［　］

(3) 上流に行くと川幅《かわはば》が狭《せま》くなる。［　］

(4) 強い風が吹いたので、木が倒《たお》れた。［　］

(5) 夕焼けで空が赤く染まる。［　］

(6) 残り物で作った料理がおいしかった。［　］

(7) おーい、ここにいるぞ。［　］

(8) 台風の影響《えいきょう》で激しい雨が降った。［　］

ア 主語　イ 主部　ウ 述語
エ 述部　オ 修飾語《しゅうしょくご》　カ 修飾部
キ 接続語　ク 接続部　ケ 独立語

2 次の――線の言葉の主語にあたる部分を一文節で抜《ぬ》き出しなさい。（6点×3）

(1) 彼女ははるかかなたの山の上を白い雲がゆっくりと流れるのを見た。［　］

(2) 将来に対する私の考えは少しずつ変化しはじめていた。［　］

(3) 父は大切な予定は忘れないように、その日のうちに記録する。［　］

3 次の――線の言葉はどこにかかりますか。一文節で抜き出しなさい。（6点×3）

(1) 突然《とつぜん》かつての友人が私の家に来ることなどめったにない。［　］

(2) 時折ふと、懐《なつ》かしそうに遠くを見ることがあって、ああこの犬は、とっても寂《さび》しいんだ、そう思った。［　］

(3) やっとほしかった物を入手したのに、うまく使いこなせない。［　］

月　日

品詞の分類

合格点 80点
得点　　点
解答 ➡ P.126

1

次の――線部の単語の品詞は何ですか。後から選び、記号で答えなさい。（5点×10）

(1) 鍛《きた》えぬいたたくましい体。　〔　　〕

(2) 彼《かれ》は新社長になった。　〔　　〕

(3) このことは事実である。　〔　　〕

(4) あらゆる方法を試してみる。　〔　　〕

(5) では、話し合いを始めます。　〔　　〕

(6) さわやかな朝を迎《むか》えた。　〔　　〕

(7) はい、私が鈴木《すずき》です。　〔　　〕

(8) 今朝は穏《おだ》やかな海だ。　〔　　〕

(9) この様子だと延期になりそうだ。　〔　　〕

(10) 山もようやく春めいてきた。　〔　　〕

ア 名詞　イ 動詞　ウ 形容詞
エ 形容動詞　オ 副詞　カ 連体詞
キ 接続詞　ク 感動詞　ケ 助詞
コ 助動詞

2

次の各品詞一単語の場合の説明にあてはまるものを後からすべて選び、記号で答えなさい。（5点×10）

(1) 名詞　〔　　〕

(2) 動詞　〔　　〕

(3) 形容詞　〔　　〕

(4) 形容動詞　〔　　〕

(5) 副詞　〔　　〕

(6) 連体詞　〔　　〕

(7) 接続詞　〔　　〕

(8) 感動詞　〔　　〕

(9) 助詞　〔　　〕

(10) 助動詞　〔　　〕

ア 自立語である　イ 活用する
ウ 主語になる　エ 述語になる
オ 修飾語《しゅうしょくご》になる　カ 付属語である
キ 用言である　ク 体言である

月　日

合格点 80点
得点 点

解答 ➡ P.126

小説①

1 次の文章を読み、後の問いに答えなさい。

海の中の映像は美しく、まるでばあちゃんと一緒《いっしょ》に青い海の底深くもぐっていくような錯覚《さっかく》に、わたしの胸は□。

水中に身をしずめたとたん、ばあちゃんの曲がっていた腰《こし》がすっとのびた。①まるで魔法《まほう》だ。足ヒレをゆっくりと動かしながら、海の底へとむかっていく姿は人魚のように優雅《ゆうが》で、陸《おか》の上のばあちゃんからはまるで想像がつかなかった。海の中のほうが、ばあちゃんはずっとのびやかで、ずっと自由に見えた。『今日の獲物《えもの》はアワビです。海の底の岩場にでてきたアワビは、身の危険を感じるとすぐにはりついてとれなくなるので、気づかれないよう後ろからそっと近づきます。』②ばあちゃんの胸の鼓動《こどう》が画面をとおして聞こえてくるようだ。

（八束澄子《やつかすみこ》「海でみつけたこと」）

(1) ばあちゃんは、何のために海にもぐっているのですか。（30点）

〔　　　　〕

(2) □に入る言葉として最も適切なものを次から選び、記号で答えなさい。（20点）　〔　　〕

ア つまった　イ 痛んだ
ウ おどった　エ 騒《さわ》いだ

(3) ――線①「まるで魔法だ」とありますが、このように感じたのはなぜですか。文中の言葉を用いて書きなさい。（30点）

〔　　　　〕

(4) ――線②「ばあちゃんの……聞こえてくるようだ」とありますが、そのように感じたのは、このときのばあちゃんの気持ちをどのようなものとして想像していたからだと考えられますか。最も適切なものを次から選び、記号で答えなさい。（20点）　〔　　〕

ア 自信と余裕《よゆう》　イ 焦燥《しょうそう》と当惑《とうわく》
ウ 緊張《きんちょう》と期待　エ 感動と安心

〔広島―改〕

小説②

月　日

合格点 80点
得点　点

解答 ➡ P.126

1 次の文章を読み、後の問いに答えなさい。

除夜の鐘《かね》が遠くから聞こえる。テレビを消した居間で、僕《ぼく》はコタツに入ってノートをめくる。ときどきノートの文字がにじみそうになり、①そのたびに手の甲《こう》で涙《なみだ》を拭《ぬぐ》う。母の日記だ。ハルさんが書き写した、母の日記が、僕の目の前にある。

「うちが死んでから、あんたにあげようと思うとったんじゃけどな」ハルさんは仏壇《ぶつだん》の下の抽《ひき》斗《だし》からノートを出して、言ったのだ。「ほいでも、あと、もうなんべん会えるんかわからんけん」と笑って、はい、と回覧板を回すような軽い手つきで僕に渡《わた》したのだった。「……なんで?」

びりびりに引き裂《さ》いたはず、だった。

「なんでいうて、②捨てられんが、やっぱり、こういうものは」

引き裂いたノートを、ハルさんはゴミ箱には捨てなかった。菓子《かし》箱の中に入れて箪笥《たんす》にしまいこんだ。「うちもカッとしたら③後先考えんことしてしまうけんなあ……」とハルさんは言って、「血はつながっとらんのに、あんたとよう似とるやろ」と笑った。

（重松《しげまつ》　清《きよし》「卒業」）

(1) ——線①「そのたびに手の甲で涙を拭う」は、いくつの単語から成り立っていますか。数字で答えなさい。（20点）

［　　］

(2) ——線②「捨てられんが、やっぱり」とありますが、なぜ捨てられなかったのだと考えられますか。説明しなさい。（40点）

［　　］

(3) ——線③「後先考えんことしてしまうけんなあ……」とありますが、それはハルさんが、誰《だれ》の、何を、どのようにしてしまったことですか。文中の言葉を用い、「…こと。」につながるように二十字以内で書きなさい。（40点）

こと。

〔長野―改〕

随筆①

合格点 70点

得点　　点

解答➡P.127

1 次の文章を読み、後の問いに答えなさい。

カラフトマスの産卵の季節が終《お》わり、サケにかわる頃《ころ》、私は番屋近くのルシャ川に潜《もぐ》ったことがある。人工孵化《ふか》のためにマスが採集される川で、卵はもう充分《じゅうぶん》とったため、網《あみ》はいれていなかった。①潜ってまず感じたのは、魚は自殺をしないということだ。命の一滴《いってき》が自然に燃え尽《つ》きるまで生きている。

生涯《しょうがい》で最大の仕事の産卵を終え、②ぼろぼろになって死ぬばかりになった魚が、河口の深みにたくさんいた。顔が半分骸骨《がいこつ》になっていたり、尾《お》ひれがなく骨で泳いでいたり、腹に大きな穴があいて身体が横になってしまったり、凄絶《せいぜつ》な姿であった。死ねば白く透明《とうめい》になるのだが、生きていればサーモンピンクが残っている。底には死んだ魚が幾重《いくえ》にもなっている。

先に産卵した川底を掘《ほ》ってまた産卵するものだから、卵がピンポン玉のように無数にはねて流れてくる。その上に新しい生きのいい魚が、どんどん遡上《そじょう》していく。□光景である。

（立松《たてまつ》和平《わへい》「半島」）

(1) ——線①「潜ってまず……ということだ」とありますが、筆者がこのように感じた理由が端的《たんてき》に示されている一文を抜《ぬ》き出し、初めの五字を書きなさい。（30点）

(2) ——線②「ぼろぼろ」なカラフトマスの様子が述べられている一文を抜き出し、初めと終わりの五字を書きなさい。（30点）

〜

(3) □に入る表現として最も適切なものを次から選び、記号で答えなさい。（40点）

ア 生命の輝《かがや》く

イ 死を受け入れた

ウ 生も死も感じさせない

エ 生と死が交差する

［　　］

〔宮城—改〕

国語 93　随筆②

合格点 80点
得点　　点

解答 ➡ P.127

1 次の文章を読み、後の問いに答えなさい。

　庭の金柑《きんかん》に顔を近づけたら、①青虫がとまっていた。おっ、青虫。アゲハチョウの幼虫。昔なじみに会ったようになつかしく、□眺《なが》めた。子どものときだったらすぐに捕《つか》まえるところだが、いまではそんな②無分別なふるまいはできない。触《さわ》れば、人間のにおいや脂《あぶら》が移ってしまうと知っているから、そっと見るだけだ。まるで緑色の親指がしっかりと枝を押《お》さえているようだった。

　見ていると、③目の中に手触りが湧《わ》いてくる。目の先にあるものの触感《しょっかん》や温度が、記憶《きおく》の中からすっくと立ち上がり、あたりいっぱいにひろがっていく。青虫の感触《かんしょく》は、確かこんなだったな。と、しばし記憶の底からよみがえる青虫の感触につつまれてじっとしている。

（蜂飼《はちかい》　耳《みみ》「夏の青虫」）

(1) ――線①「青虫がとまっていた」とありますが、この様子をたとえた一文を探し、初めの五字を書きなさい。(30点)

(2) □に入る言葉として最も適切なものを次から選び、記号で答えなさい。(20点)

ア しっとりと　イ まじまじと
ウ はっきりと　エ ちらりと

［　　］

(3) ――線②「無分別なふるまい」とありますが、ここでは具体的にどうすることですか。「…こと。」につながるように文中からそのまま抜《ぬ》き出しなさい。(20点)

［　　　　］こと。

(4) ――線③「目の中に手触りが湧いてくる」とは、どのようなことをいったものですか。その説明として最も適切なものを次から選び、記号で答えなさい。(30点)

ア すぐ目の前にいる青虫を見ていること。
イ 昔、青虫に触った感触がよみがえること。
ウ 昔のように手で触ってみたいと思うこと。
エ 青虫を手にのせて昔を思い出すこと。

［　　］

〔福岡―改〕

国語 94

説明・論説文①

合格点 80点
得点　　点
解答 ➡ P.127

1 次の文章を読み、後の問いに答えなさい。

相手によって、また時とばあいによって人間はおたがいの距離《きょり》を調節するが、それと並行《へいこう》してわれわれは①「ことばの距離」をつねに計算している。いや、計算しなければならぬ。

たとえば、書物を一冊借りたい、というとき、相手がしたしいひとなら、

「ちょっとこの本借りるよ」「貸してちょうだい」くらいですむが、あんまりしたしくないひとだったら、

「この本をお貸しいただけませんか」「お借りしたいのですが、いかがでしょうか?」といった表現になる。②さらに距離をおく必要があるときには、

「まことにぶしつけでございますが、このご本をしばらく拝借《はいしゃく》できませんでしょうか?」というふうになる。まだまだ、いくらでもていねいにいうことができるだろう。本一冊を借りる、というだけでも、これだけいろんないいかたがある。用件はおなじだがことばづかいはいろいろだ。

（加藤秀俊《かとうひでとし》「なんのための日本語」）

---

(1) ――線①「ことばの距離」は何によって調節しますか。本文中から六字で抜《ぬ》き出しなさい。（20点）

□□□□□□

(2) ――線②「さらに距離をおく必要があるとき」の例として最も適切なものを次から選び、記号で答えなさい。（40点）　〔　　〕

ア 昔、仲良くしていた人に頼《たの》むとき
イ 今、親しくしている人に頼むとき
ウ 自分の家族に頼むとき
エ 全く知らない人に頼むとき

(3) 筆者が述べようとしていることを次のようにまとめました。□に入る最も適切な言葉を次から選び、記号で答えなさい。（40点）　〔　　〕

どんなことばをどんなふうにつかうかは、お互いの□の問題である。

ア 関係とばあい　　**イ** 用件と距離
ウ 時間と距離　　**エ** ばあいと距離

〔茨城―改〕

説明・論説文 ②

月　日

合格点 70点
得点　　点

解答 ➡ P.127

1 次の文章を読み、後の問いに答えなさい。

①「イワシは大海原《おおうなばら》の牧草である」といわれるだけに、マグロ類やカジキ類、さてはサメ類の如《ごと》き大型の肉食魚類は、大海原をあちこちするイワシを十分に食べて、大きく育ってゆく。

さて、こういった大型肉食魚類の襲撃《しゅうげき》を受けたイワシ類はひたすらに逃《に》げまわるが、自然はイワシの「種」を守るためにイワシにいろいろな特徴《とくちょう》を与えている――まず□が、弱いイワシに「力」を与えている。

イワシを網《あみ》で捕《と》って、活《い》け簀《す》に活かしておくと、イワシはすぐ群れをつくって活け簀の中を右または左、つまり時計の針の進む方向か、その逆方向にくるくる回りはじめる。そしてこの群泳が続く限り、個々のイワシの生命は安泰《あんたい》なのである。*毛利元就《もうりもとなり》が臨終《りんじゅう》の言葉に言ったように、②「個々の力は弱くとも、一致《いっち》団結して敵に対するならば、そこには予想以上の力が湧《わ》き出るものである」というあの有名な*片句《へんく》は真理である。

（末広恭雄《すえひろやすお》「想魚記」）

*毛利元就＝戦国時代の武将。
*片句＝ほんの短い言葉。

(1) ――線①「イワシは大海原の牧草である」とありますが、この言葉はイワシのことをどのようにたとえていると考えられますか。最も適切なものを次から選び、記号で答えなさい。（30点）

ア 数が多くほかの魚たちのエサになること。
イ 広い所でほかの魚と共存するということ。
ウ ほかの魚のエサがなくなる所に住むこと。
エ ほかの魚たちにすみかを与えていること。

［　　］

(2) □に入る言葉として最も適切なものを次から選び、記号で答えなさい。（40点）

ア すばやく泳ぐこと
イ 早く成長すること
ウ 群れをつくること
エ くるくる回ること

［　　］

(3) ――線②とありますが、イワシは、どのような方法で、敵に対しているのですか。文中から二字で抜《ぬ》き出しなさい。（30点）

□□

〔千葉―改〕

国語 96 説明・論説文③

合格点 70点
得点 　点
解答 ➡ P.127

1 次の文章を読み、後の問いに答えなさい。

コップに野草の花が一つ挿《さ》してある。それだけのことなら、別に誰《だれ》もその花に注目しないかもしれない。[　　]、それは病気で寝《ね》ている母親を慰《なぐさ》めようとして十歳《じっさい》の少女が下校の時摘《つ》んできたのだと知ると、その花が単なる花でなくなってくる。その花を介《かい》して、その少女に親しみを感じ、その母娘《ははむすめ》の間の感情がこちらに伝わってくる。そこに「関係付け」ができてくる。そのことに感激すると、そのことを誰かに話したくなる。友人に話をする時、少女が花を買おうと思ったのだが、彼女には高すぎたので困ってしまったが、ふと野草の花を見つけて……というふうに話が少し変わることもある。

だから①「物語」は信用できないという人がある。それも一理ある。だからといって、②それが無意味というのもおかしい。物語を語ることによって、母娘の関係の在り方がわかり、それに感動することによって、語り手と聞き手との間に関係が生まれ、このように「関係の輪」が広がっていくところに意味がある。関《かか》わりの中の真実が、③それによって伝わっていく。

（河合隼雄《かわいはやお》「物語と人間」）

---

(1) [　　]に入る言葉として最も適切なものを次から選び、記号で答えなさい。（20点）

ア それで　イ それに
ウ しかし　エ すなわち

[　　]

(2) ——線①「『物語』は信用できない」という理由として最も適切なものを次から選び、記号で答えなさい。（20点）

[　　]

ア 友人にしか語られないから。
イ 話の内容が変えられているから。
ウ 母娘の関係に終始しているから。
エ 語り手の感動を押し付けられるから。

(3) ——線②「それが無意味というのもおかしい」とありますが、筆者は「物語」の意味を、どのようなところに見出していますか。文中から十六字で抜《ぬ》き出し、初めの五字を書きなさい。（30点）

(4) ——線③「それ」は何を指しますか。文中から抜き出しなさい。（30点）

[　　]

説明・論説文④

月　日

合格点 70点

得点　点

解答 ➡ P.127

1 次の文章を読み、後の問いに答えなさい。

日本語の未来ということを考えると、共通語がどんどん普及していくのはけっこうなことかもしれないが、困ったこともある。今後は、方言がどんどん衰退していってしまいそうだからだ。共通語というものが、方言を*放逐《ほうちく》してしまって、我々の話す言葉が共通語だけになってしまうことが、果たしていいことなのだろうか。これは大いに考えなければいけない。というのは、①共通語にはいろいろな問題があるからだ。共通語というものは、大体東京の言葉が基本になっている。②東京の言葉が万能ならば文句はないのだが、そうとも言えない。東京の言葉というのは、東京という都会に住んでいる人間の間に生まれた言葉であるために、どうしてもきめ細かい表現が足りないのである。

日本中で雪が最も降ると言われる新潟県《にいがたけん》へ行くと、雪に関する語彙《ごい》が非常に発達している。雪の生活が非常に長い地方では、雪の降り方を見ていろいろな名前をつけている。

（金田一春彦《きんだいちはるひこ》「日本語を反省してみませんか」）

＊放逐＝追い払《はら》うこと。

(1) ――線①について、筆者が最も強く感じている問題とはどのようなことですか。「…こと。」につながるように文中から十二字で抜《ぬ》き出しなさい。（30点）

□□□□□□□□□□□□こと。

(2) ――線②の例として文中に挙げられているものを、次の□にあてはまる形で七字で抜き出しなさい。（30点）

雪国に比べ□が十分ではない。

□□□□□□□

(3) 本文の内容から推測できるものを次から選び、記号で答えなさい。（40点）［　　］

ア 同じ言葉でも地方によって意味が違《ちが》う。

イ 方言にはやさしく素朴《そぼく》な味わいがある。

ウ 漁村では魚や天候に関する方言が多い。

〔鹿児島―改〕

説明・論説文⑤

月　日

合格点 80点
得点 点
解答➡P.127

1 次の二つの資料は、中学三年生を対象とした読書についてのアンケート調査の結果を表したものである。
あなたは、この二つの資料から、どのようなことを考えるか。あなたが考えたことを、あなたの日ごろの読書の状況と関連づけて書きなさい。ただし、次の条件1、2にしたがうこと。（100点）

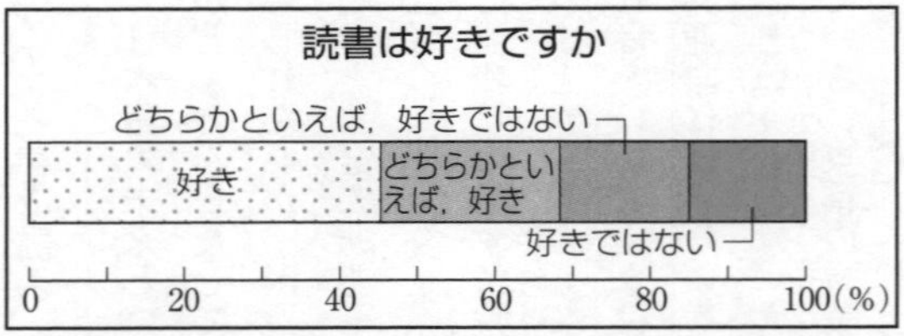

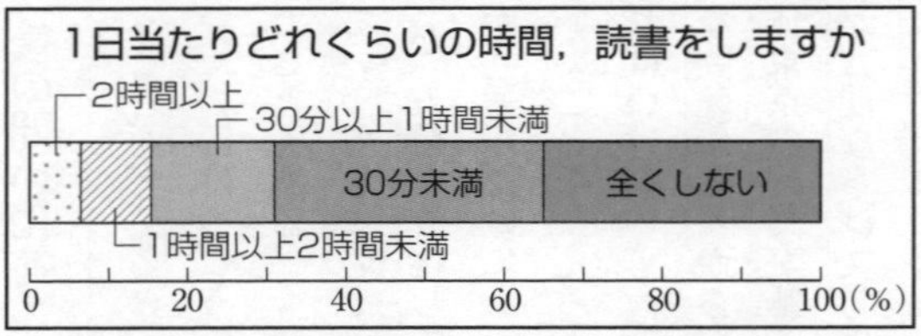

注　文部科学省 国立教育政策研究所「平成27年度 全国学力・学習状況調査報告書」により作成

条件1　一マス目から書き始め、段落は設けないこと。
条件2　字数は、百五十字以上、百八十字以内とすること。

〔静岡〕

詩①

月　　日

合格点 70点
得点　　　点

解答 ➡ P.127

1 次の詩を読み、後の問いに答えなさい。

□こそ

たんぽぽはるか

ひかりを　おでこに
くっつけて
はなひらく　ひを
ゆめにみて
たんぽぽわたげが
まいあがります

とんでいこう　どこまでも
あした
たくさんの「こんにちは」に
であうために

（工藤直子《くどうなおこ》「のはらうた」）

(1) この詩の形式を次から選び、記号で答えなさい。（20点）

ア 定型詩　**イ** 自由詩　**ウ** 散文詩

［　　］

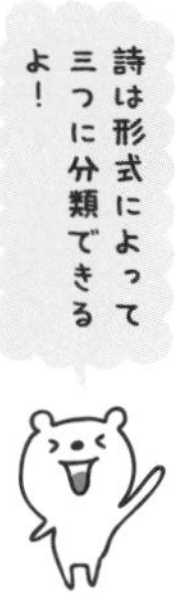

(2) 題名の□に入る言葉として最も適切なものを、詩の中から抜《ぬ》き出しなさい。（30点）

［　　］

(3) 第二連で用いられている表現技法を次から選び、記号で答えなさい。（20点）

ア 直喩《ちょくゆ》　**イ** 反復法
ウ 倒置法《とうちほう》　**エ** 対句法《ついくほう》

［　　］

(4) この詩に込《こ》められている作者の気持ちとして最も適切なものを次から選び、記号で答えなさい。（30点）

ア いつもあいさつをし、明るく生きよう。
イ 夢の実現に向け、努力を重ねて生きよう。
ウ 可能性を信じ、希望をもって生きよう。
エ 自信をもって、力強く着実に生きよう。

［　　］

詩 ②

月　日

合格点 80点

得点　　点

解答 ➡ P.128

1 次の詩を読み、後の問いに答えなさい。

海の風景

堀口大學《ほりぐちだいがく》

空の*石盤《せきばん》に
鷗《かもめ》がＡＢＣを書く
①海は灰色の牧場《まきば》です
白波は綿羊《めんよう》の群《むれ》であらう
船が散歩する
煙草《たばこ》を吸ひながら
船が散歩する
口笛を吹《ふ》きながら

(「砂の枕《まくら》」)

*石盤＝粘板岩《ねんばんがん》などの薄《うす》い板に枠《わく》をつけ、石筆で文字・絵などを書いた昔の学用品。

(1) ——線①の比喩《ひゆ》と同じ種類のものを次から選び、記号で答えなさい。(20点)
［　　］

ア 台所は火の車だ。
イ 海が呼んでいる。
ウ ああ、なんと美しい。
エ 火のように燃えている。

(2) 第四連で用いられている表現技法を次からすべて選び、記号で答えなさい。(40点)
［　　］

ア 擬人法《ぎじんほう》　**イ** 反復法
ウ 倒置法《とうちほう》　**エ** 対句法《ついくほう》

(3) 次の会話は、この詩の内容や表現について感想を述べたものです。適切でないものを選び、記号で答えなさい。(40点)
［　　］

ア 「石盤」や「あらう」など、作者は古めかしい言葉を使っているね。
イ 「鷗がＡＢＣを書く」で、鷗がゆったりと飛ぶ感じがするよ。
ウ 「口笛を吹きながら」からユーモアや軽快さを感じるよ。
エ 全体が四連になっていて、起承転結の関係になっているね。

〔沖縄—改〕

月　日

合格点 80点
得点　　点
解答 ➡ P.128

古文①

1 次の古文を読み、後の問いに答えなさい。

秋の夕暮れの空のけしきは、色もなく声もなし。①いづくにいかなる②ゆゑあるべしともおぼえねど、*すずろに③涙《なみだ》こぼるるごとし。これを心なきものは、さらにいみじとも思はず、ただ目に見ゆる*花、紅葉《もみじ》を*めではべる。

（鴨《かもの》長明《ちょうめい》「無名抄《むみょうしょう》」）

*すずろに＝何ということなく。
*花＝サクラの花。
*めではべる＝愛好するのです。

(1) ――線①「いづくに」が直接かかる部分として最も適切なものを次から選び、記号で答えなさい。（20点）

ア いかなる　イ ゆゑ
ウ あるべし　エ おぼえねど

［　　］

(2) ――線②「ゆゑあるべし」を現代仮名遣《かなづか》いに直しなさい。（20点）

［　　］

(3) ――線③「涙こぼるる」の口語訳を書きなさい。（30点）

［　　］

(4) この文章で筆者が言いたい内容として最も適切なものを次から選び、記号で答えなさい。（30点）

ア 秋の夕暮れの空の、声にならないほどの美しさは、だれでも理解できるはずだ。
イ 情感の豊かでない人には、姿にはっきりとは見えない趣《おもむき》は理解できないだろう。
ウ 思慮《しりょ》の浅い人は、一般的《いっぱんてき》に美しいとされるものに限らず何にでも喜びがちである。
エ ふだん親しくない人とでも、花と紅葉の美しさに対する感動だけは共有できる。

［　　］

〔奈良―改〕

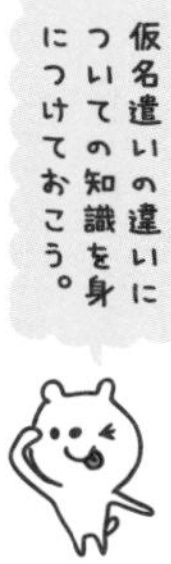
仮名遣いの違いについての知識を身につけておこう。

古 文②

月　日

合格点 80点

得 点　　点

解答 ➡ P.128

1 次の古文を読み、後の問いに答えなさい。

ある河のほとりに、蟻《あり》あそぶ事ありけり。にはかに水かさまさりきて（水かさが増してきて）、かの蟻をさそひ流る（さらって流れる）。浮《う》きぬ沈《しず》みぬする所に、鳩《はと》木末《こずゑ》よりこれを見て、①「あはれなるありさまかな」と、木末をちと（ちょっと）食ひ切つて河の中におとしければ、蟻これに乗つて渚《なぎさ》にあがりぬ。

かかりける（こうした）所に、ある人、竿《さほ》のさきにとりもち＊をつけて、かの鳩をささんとす（さし取ろうとする）。蟻心に思ふやう、「ただ今の恩を送らふものを（報《むく》いたいものだ）」と思ひ、かの人の足にししかと（しっかりと）②食ひつきければ、③おびへあがつて、竿をかしこに投げ捨てけり。

そのものの色や知る（そのことのいきさつなどわかるはずもない）。しかるに、鳩これをさとりて、いづくともなく飛び去りぬ。

（「伊曾保《いそほ》物語」）

＊とりもち＝小鳥・昆虫《こんちゅう》などをとらえるのに用いる、樹木などからとった粘《ねば》りけのある物質。

(1) ――線①の意味として最も適切なものを選び、記号で答えなさい。（30点）

ア しみじみと趣《おもむき》深い　イ おもしろい　ウ かわいそうな　エ あわてふためいている

［　　］

(2) ――線②・③の主語をそれぞれ選び、記号で答えなさい。（20点×2）

ア 蟻　イ 鳩　ウ ある人

②［　　］　③［　　］

(3) 本文から読み取れる教訓として最も適切なものを選び、記号で答えなさい。（30点）

ア 人の恩を受けた者は、恩返しをしようという感謝の念を持つべきである。

イ 人の恩を受けた者は、受けた恩を倍にして返さなければならない。

ウ 人の恩を受けた者は、恩をあだで返すようなことをしてはいけない。

エ 人の恩を受けた者は、そのかわりに何らかの罰《ばつ》を受けるはずである。

［　　］

〔高田高―改〕

漢文・漢詩 ①

解答 ➡ P.128

1 次の漢文を読み、後の問いに答えなさい。

《主人から酒をもらった家来たちが、蛇《へび》の絵を最初に描《えが》いた者が酒を飲むことにしようと約束をした。そのあとの場面である。》

一人《いちにん》の蛇、先《ま》づ成る。酒を引いて（引き寄せて）まさに飲まんとす。すなはち（そこで）左手に卮《し》（大きな杯《さかずき》）を持ち、右手に蛇を①ゑがきていはく、「吾《われ》よく②これが足を為《な》さん（描くことができるぞ）。」と。いまだ③成らざるに、一人の蛇成る。其《そ》の卮を奪《うば》ひていはく、「蛇はもとより足なし。子《し》いづくんぞ（どうして）よくこれが足を為さん（描けるものか）。」と。遂《つひ》に其の酒を飲む。

（「戦国策」）

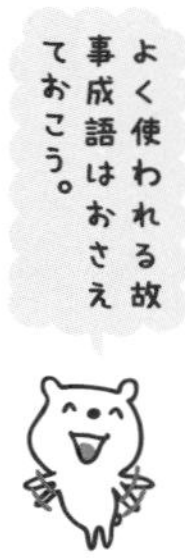

(1) ――線①「ゑがきて」を現代仮名遣《かなづか》いに直しなさい。（20点）

［　　］

(2) ――線②「これ」は何を指しますか。文中から抜《ぬ》き出しなさい。（25点）

［　　］

(3) ――線③「成らざるに」の意味として最も適切なものを次から選び、記号で答えなさい。（25点）

ア 足ができあがったあとに
イ 足ができあがらないうちに
ウ 足を仕上げようとしないときに
エ 足を仕上げることができないので

［　　］

(4) この故事からできた「蛇足《だそく》」という言葉の意味を書きなさい。（30点）

［　　］

〔石川―改〕

漢文・漢詩②

合格点 70点

得点　　点

解答➡P.128

1 次の漢詩を読み、後の問いに答えなさい。

除夜の作　＊高適《こうせき》

旅館の寒灯《かんとう》独《ひと》り眠《ねむ》らず
①客心何事ぞ転《うた》た凄然《せいぜん》たる
故郷今夜②千里を思ふ
霜鬢《そうびん》③明朝又《ま》た一年

（「＊唐詩選《とうしせん》」）

（大意）

旅のやどり、さむざむとしたともしびを前に眠れぬ夜をすごす

旅ごころはどういうわけかいよいよもの悲しくなるばかり

この夜、思うははるかかなたのふるさとのことばかり

この④しらが頭、夜が明ければまたひとつ年を取ることだ

（大意は、村上哲見《むらかみてつみ》「漢詩の名句・名吟《めいぎん》」）

＊高適＝杜甫《とほ》と親交のあった唐の時代の詩人。

＊唐詩選＝唐の時代に作られた詩を選んで集めたもの。

(1) ――線①「客」のここでの意味と同じ意味で用いられている熟語を次から選び、記号で答えなさい。（20点）

ア 剣客《けんかく》　イ 観客　ウ 主客　エ 旅客

［　　］

(2) ――線②「千里」は、ここではどのような意味で用いられていますか。大意を参考にして書きなさい。（30点）

［　　］

(3) ――線③「明朝」とはどんな日の朝のことですか。次から選び、記号で答えなさい。（20点）

ア 元日　イ 秋分　ウ 大寒　エ 立冬

［　　］

(4) ――線④「しらが」を漢詩の中では何にたとえていますか。漢字一字で書きなさい。（30点）

［　　］

（富山―改）

解答編

5科1年

数学

▶正の数・負の数

1 正の数・負の数

❶ (1) 負の数，-8　(2) $-30\,\mathrm{m}$

(3) $+7$，-7，0（$+7$ と -7 は入れかわってもよい。$+7$ は 7 でもよい。）

❷ ① -2　② $+3.5$（3.5 でもよい。）

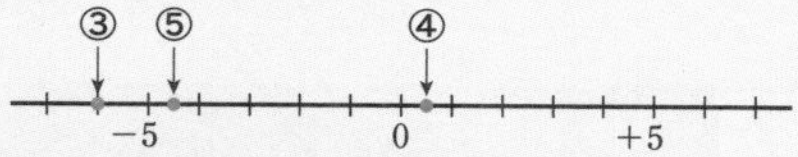

❸ (1) ① 9　② 3.5

(2) -3，-2，-1，0，1，2，3

❹ (1) $+3>-8$　(2) $-11<-4$

解説

❶ (3) 符号《ふごう》をとると 7 になる数は $+7$，-7 である。

❷ ⑤ $-4\frac{1}{2}=-4.5$，$-5<-4.5<-4$ となる。

❸ (2) 負の整数 -3，-2，-1 を忘れないこと。

❹ (2) 負の数は，絶対値《ぜったいち》が大きいほど小さい。

2 正の数・負の数の加減

❶ (1) -13　(2) -6　(3) 3.6

(4) -9.1　(5) $-\frac{5}{12}$　(6) -8

❷ (1) -12　(2) 3　(3) -14.1

(4) -0.1　(5) -1　(6) $-\frac{3}{4}$

❸ (1) -4　(2) 1　(3) -14.2　(4) $\frac{9}{4}$

解説

❶ (6) $(+3)+(-7)+(+5)+(-9)$

$=3-7+5-9=8-16=-8$

❷ (3) $(-9.5)-(+4.6)=-9.5-4.6$

$=-(9.5+4.6)=-14.1$

❸ (4) $-\frac{2}{3}-\left(-\frac{3}{4}\right)+3+\left(-\frac{5}{6}\right)$

$=-\frac{2}{3}+\frac{3}{4}+3-\frac{5}{6}$

$=-\frac{8}{12}+\frac{9}{12}+\frac{36}{12}-\frac{10}{12}=\frac{27}{12}=\frac{9}{4}$

3 正の数・負の数の乗除

❶ (1) -27　(2) 56　(3) -36　(4) -45

❷ (1) 9　(2) -4　(3) $-\frac{2}{7}$　(4) $\frac{5}{2}$

❸ (1) 3　(2) 12　(3) -2　(4) $\frac{3}{2}$

❹ (1) 2×3^2　(2) $2^2\times3\times5$

(3) $2^2\times3^3$

解説

❶ (3) $-6^2=-(6\times6)=-36$

❷ 同符号《どうふごう》の 2 数の商は $+$，異符号の 2 数の商は $-$

❸ 除法は乗法になおして，約分をしていく。

❹ 整数を素数 2，3，5，7，…で順にわっていく。同じ数の積は，累乗《るいじょう》の形で表す。

4 正の数・負の数の計算

❶ (1) -2　(2) 17　(3) -35　(4) $-\frac{3}{2}$

❷ (1) -21　(2) 11

❸ (1) -38 (2) 14

❹ (1) ア，イ，ウ (2) イ，ウ

(3) ア，イ，ウ (4) ウ

解説

❷ **累乗《るいじょう》→かっこの中→乗除→加減**の順に計算する。

(2) $(-6)^2=36$，$-4^2=-16$

❸ (2) $\boldsymbol{ma+mb=m(a+b)}$を利用する。

$(-14)\times\left(-\frac{28}{23}\right)+(-14)\times\frac{5}{23}$

$=(-14)\times\left\{\left(-\frac{28}{23}\right)+\frac{5}{23}\right\}$

$=(-14)\times(-1)=14$

❹ (2) 自然数　$a=2$，$b=5$　を考えると，$a-b=2-5=-3$…自然数ではない

▶文字と式

5 文字と式

❶ (1) $6xy$ (2) $3(a-b)$

(3) $9m-n$ (4) $-5x^3y^2$

(5) $\frac{7}{p}$ (6) $\frac{4x}{y}$

❷ (1) $5\times x\times x\times y$ (2) $8\times b\div a$

(3) $3\times m-n\div 4$ (4) $(a+b)\div 12$

❸ (1) $ab\text{cm}^2$ (2) $(50x+240)$円

(3) $(30-2x)$個 (4) $(4a+2b)$ km

解説

❶ (2) $(a-b)$を1つの文字とみる。

(4) 同じ文字の積は，累乗《るいじょう》の指数を使って表す。

(5) 記号÷を使わずに，分数の形で書く。

❸ 文字式の表し方にしたがって表す。

6 式の計算

❶ (1) -5 (2) -3 (3) 18 (4) 6

❷ (1) -4 (2) -3 (3) -1 (4) 8

❸ (1) $2x-15$ (2) $5a-3$

(3) $-12a+21$ (4) $-7x+5$

❹ (1) $17x-28$ (2) $3x+31$

(3) $-2a-8$ (4) $-8x+9$

解説

❷ 文字が2つでも，文字が1つのときと同じように数を代入して計算する。

(1) $3a+2b=3\times 2+2\times(-5)$

$=6+(-10)=-4$

❹ (4) $\frac{2}{3}(6x+9)-\frac{3}{5}(20x-5)$

$=\frac{2}{3}\times 6x+\frac{2}{3}\times 9-\frac{3}{5}\times 20x-\frac{3}{5}\times(-5)$

$=4x+6-12x+3=-8x+9$

7 関係を表す式

❶ (1) $\ell=2\pi r$，$S=\pi r^2$

(2) $S=\pi b^2-\pi a^2$

❷ (1) $4a=5b$ (2) $50x+200=350$

❸ (1) $3a>5b$ (2) $a+8b<50$

解説

❶ πは，積の中では，数の後，その他の文字の前に書く。

(1) $\underset{\ell}{\underline{\text{円の周の長さ}}}=\underset{2r}{\underline{\text{直径}}}\times\underset{\pi}{\underline{\text{円周率}}}$

(2) 色のついた部分の面積は，大きい円の面積から小さい円の面積をひいて求める。

円の面積＝半径×半径×円周率

▶1次方程式

8 方程式と解

❶ (1) -1 (2) 2 (3) -2

❷ (1) (順に)9，9，9，14

(2) (順に)4，4，4，-12

(3) (順に)-4，-4，-4，$-\frac{5}{2}$

(4) (順に)3，3，3，-27

解説

❶ (2) 0，1，2，3をそれぞれ，式のxに代入し，等式が成り立つものを見つける。

9 1次方程式の解き方

❶ (1) $x=9$　(2) $x=-2$　(3) $x=-1$

(4) $x=-\frac{1}{2}$

❷ (1) $x=4$　(2) $x=-2$　(3) $x=-3$

(4) $x=3$　(5) $x=-6$　(6) $x=2$

❸ (1) $x=20$　(2) $x=17$

解説

❷ (4) 両辺に100をかけて，

$90x+153=170x-87$　$-80x=-240$

両辺を -80 でわって，$x=3$

(6) 両辺に12をかけて，

$4(4x+1)=3(-x+14)$

$16x+4=-3x+42$　$19x=38$　$x=2$

❸ **$a:b=c:d$ のとき，$ad=bc$** が成り立つ。

(2) $5\times6=2(x-2)$　$30=2x-4$

$-2x=-34$　$x=17$

10 1次方程式の利用

❶ 3

❷ (1) $50x+80(14-x)=850$

(2) みかん…9個，りんご…5個

❸ 15分後

❹ 安いほうのノート…80円

持っている金額…550円

解説

❶ xに -5 を代入して，

$-30+10+9a=7$　$9a=27$　$a=3$

❷ (1) 買ったりんごは$(14-x)$個になる。

代金＝単価×個数 の公式を使う。

(2) 両辺を10でわって，かっこをはずすと，

$5x+112-8x=85$　$-3x=-27$　$x=9$

りんごは，$14-9=5$(個)

❸ 兄が家を出発してからx分後に弟に追いつくとすると，弟は$(6+x)$分歩いている。

弟の歩いた距離《きょり》＝兄の歩いた距離

になればよいから，

$50(6+x)=70x$　$300+50x=70x$

$-20x=-300$　$x=15$

❹ 安いほうのノートを1冊x円とすると，高いほうのノートは$(x+50)$円となる。

このとき，持っている金額を考えると，

$6x+70=4(x+50)+30$

$6x+70=4x+200+30$　$2x=160$

$x=80$

よって，安いほうのノート1冊は80円。

持っている金額は，

$6\times80+70=550$(円)

▶比例・反比例

11 比　例

❶ (1) $y=-7x$　(2) 21　(3) -7

❷ (1) $y=\frac{1}{4}x$

(2) xの変域《へんいき》

$0\leqq x\leqq100$

yの変域

$0\leqq y\leqq25$

❸ (1) 右の図

(2) ③ $y=x$

④ $y=-2x$

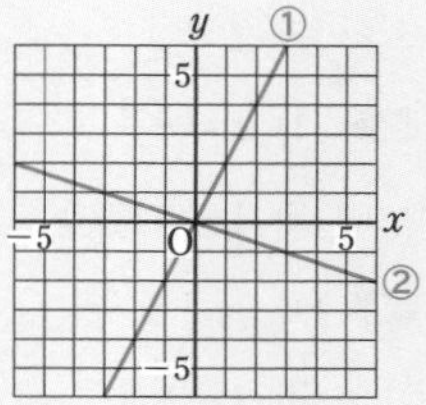

解説

❶ (1) yはxに比例するから，比例定数をaとすると，**$y=ax$**

$x=4$，$y=-28$ を代入して，

$-28=4a$　$a=-7$

よって，$y=-7x$

(2) $y=-7x$ に $x=-3$ を代入して，
$y=-7\times(-3)=21$
(3) $y=-7x$ に $y=49$ を代入して，
$49=-7x\quad x=-7$

❷ (1) 8 L で水の深さが 2 cm になるから，
1 L で $2\div8=\frac{1}{4}$(cm) となる。
よって，x L 入れたときの水の深さ y cm は，$y=\frac{1}{4}x$
(2) 水そうの深さは 25 cm だから，y の変域は，$0\leqq y\leqq25$
$25\div\frac{1}{4}=100$ より，100 L まで水が入るから，x の変域は $0\leqq x\leqq100$

❸ (2) グラフはどれも原点を通る直線であるから，$y=ax$ とおき，グラフから読みとった1つの点の x と y の値《あたい》を代入して，a の値を求める。
④は点(1，−2)を通るから，$a=-2$

12 反比例

❶ (1) $y=\frac{90}{x}$，比例定数…90
(2) $y=\frac{48}{x}$，比例定数…48

❷ (1) $y=-\frac{18}{x}$
(2) 2

❸ (1) $y=\frac{60}{x}$
(2) $4\leqq y\leqq10$

❹ (1) $y=-\frac{6}{x}$
(2) 右の図

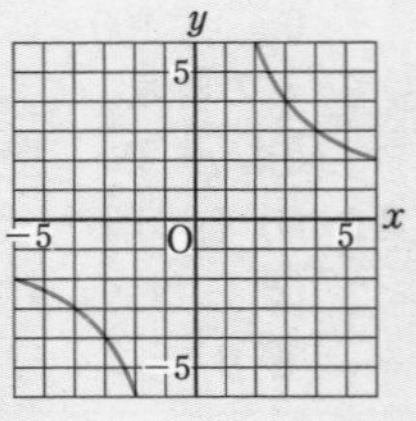

解説

❷ (1) y は x に反比例するから，比例定数を a とすると，$\boldsymbol{y=\frac{a}{x}}$
$x=3$，$y=-6$ を代入して，
$a=-18$
よって，$y=-\frac{18}{x}$

❸ (1) 水そうがいっぱいになったときの水の量は，
$2\times30=60$(L)
つまり，比例定数は 60 になる。

13 比例・反比例の利用

❶ (1) 右の図
(2) ① 5 分後
② 300 m

❷ 時速 14 km

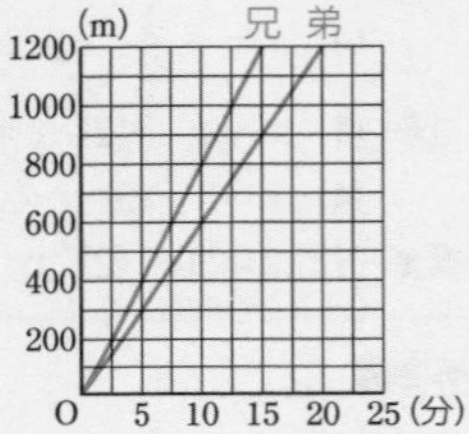

❸ (1) $y=5x$
グラフは右の図
(2) 6 cm

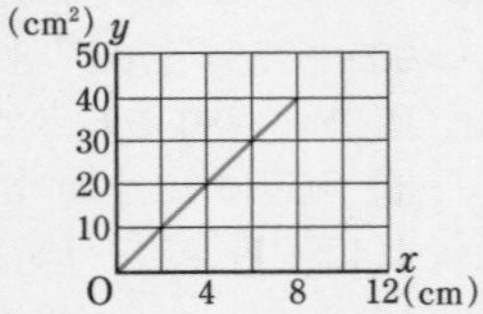

解説

❶ (1) **時間＝道のり÷速さ**
弟は学校に着くのに
$1200\div60=20$(分) かかる。

❷ 一定の道のりを走るとき，走る速さとかかる時間は反比例する。
時速 $42\div3=14$(km)

❸ (1) $y=\frac{1}{2}\times10\times x$ より，
$y=5x\ (0\leqq x\leqq8)$
(2) (1) より，$y=5x$ に $y=30$ を代入して，$30=5x\quad x=6$

▶平面図形

14 直線と角

❶ (1) 垂直，垂線 (2) 平行，// (3) 4
(4) PQ，線分，5

❷ (1) 二等分線 (2) BOC，AOB

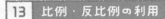

3 (1) ＝　(2) ⊥　(3) 中点，$\frac{1}{2}$

解説

1 (3) 点Pから直線 n に垂線をひき，n との交点をRとすると，点Pと直線 n との**距離**《きょり》は，線分PRの長さであり，PR＝4cm

3 (3) 線分を2等分する点を，その線分の**中点**という。

15 図形の移動

1 (1)

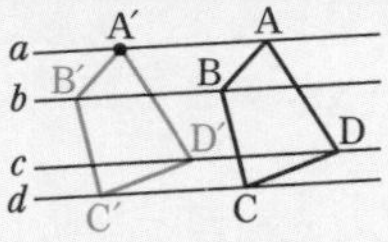

(2) AA′＝BB′，AA′//BB′

2 (1)

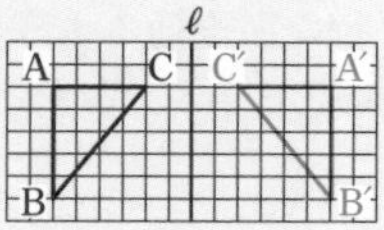

(2) 垂直，等しい

(3) 二等辺三角形

3

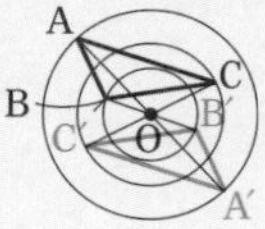

解説

1 図形を，ある方向に決まった長さだけずらす移動を**平行移動**という。

(1) AA′＝BB′＝CC′＝DD′となる点B′，C′，D′をそれぞれ直線 b，d，c 上にとる。

2 図形を，1つの直線を**軸**《じく》として折り返す移動を**対称**《たいしょう》**移動**という。

(3) 2辺BC，BDが等しい二等辺三角形になる。

3 図形を，1つの点を中心として，決まった角度だけまわす移動を**回転移動**という。△ABCの頂点A，B，Cを，それぞれ点Oを中心として，180°回転移動した点A′，B′，C′をとり，△A′B′C′をかく。

16 基本の作図

1

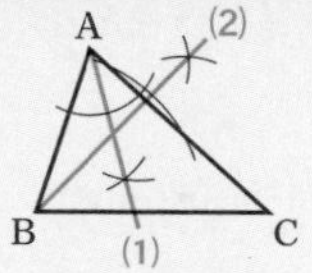

2 (例)

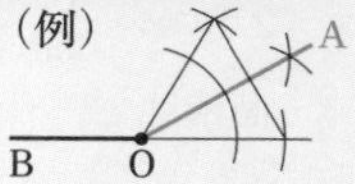

3

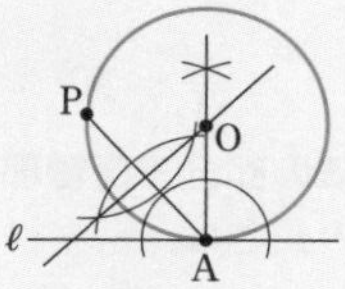

解説

1 (2) 垂線は，180°の角の二等分線になっている。

2 半直線OBをOの方向に延長し，正三角形をかく。正三角形の60°の角の二等分線をひくと，30°の角ができる。
∠AOB＝180°－30°＝150°

3 点Aを通る直線ℓの垂線をひき，この垂線と線分APの垂直二等分線との交点が円の中心Oである。半径OAの円をかく。

17 円とおうぎ形

1 周の長さ…14πcm
面積…49πcm^2

2 (1) 弧《こ》の長さ…πcm
面積…2πcm^2
(2) 弧の長さ…4πcm
面積…12πcm^2

3 (1) 24πcm^2　(2) 90°

4 まわりの長さ…$(5\pi+6)$cm
面積…$\frac{15}{2}\pi$cm^2

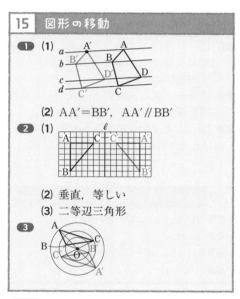

解説

❷ (1) 半径 r，中心角 $x°$ のおうぎ形の弧の長さを ℓ，面積を S とすると，

$\boldsymbol{\ell=2\pi r\times\frac{x}{360}}$，$\boldsymbol{S=\pi r^2\times\frac{x}{360}}$

弧の長さは，

$2\pi\times4\times\frac{45}{360}=8\pi\times\frac{1}{8}=\pi(\mathrm{cm})$

面積は，

$\pi\times4^2\times\frac{1}{8}=16\pi\times\frac{1}{8}=2\pi(\mathrm{cm}^2)$

❸ (2) 中心角を $x°$ とすると，

$24\pi\times\frac{x}{360}=6\pi\quad x=\frac{360}{4}=90$

❹ **まわりの長さ＝弧の部分＋直線部分**

だから，まわりの長さは，

$2\pi\times6\times\frac{60}{360}+2\pi\times(6+3)\times\frac{60}{360}+3\times2$

$=5\pi+6(\mathrm{cm})$

面積は，

$\pi\times9^2\times\frac{1}{6}-\pi\times6^2\times\frac{1}{6}=\frac{15}{2}\pi(\mathrm{cm}^2)$

▶空間図形

18 直線や平面の位置関係

❶ (1) 辺 BF，CG，DH

(2) 辺 AB，FB，DC，GC

(3) 辺 BF，CG，EF，HG

❷ (1) 辺 DE，EF，FD

(2) 面 ABED，ABC，DEF

(3) 辺 AD，DE，DF

❸ (1) 面 MFGJ　(2) 点 I，K

(3) 辺 ED

解説

❸ (2)(3) 右の図で，点線が対応する点を示している。

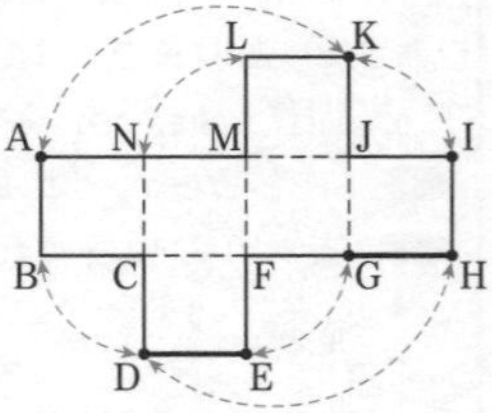

19 いろいろな立体

❶ (1) 正三角形

(2) 3つ，二等辺三角形

(3) 正四面体

❷ (1) 三角柱　(2) 四角錐《しかくすい》　(3) 円柱

❸ (1)（例）

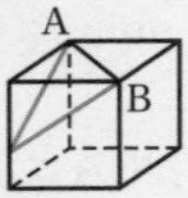

(2)

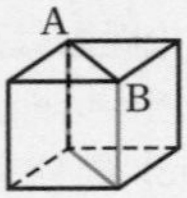

(3)（例）

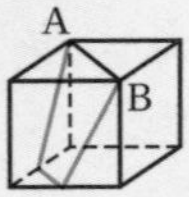

解説

❶ (3) どの面も合同な正三角形で，どの頂点にも面が3つ集まる四面体だから，正四面体になる。

❷ 正面から見た立面図と，真上から見た平面図を合わせて，**投影図**《とうえいず》という。

❸ (3) AB と平行な面を通るように切ると，AB と平行な辺ができ，台形となる。

20 立体の表面積と体積①

❶ (1) $240\,\mathrm{cm}^2$　(2) $300\,\mathrm{cm}^2$

❷ $80\pi\,\mathrm{cm}^2$

❸ (1) $15\pi\,\mathrm{cm}^2$　(2) $24\pi\,\mathrm{cm}^2$

❹ $156\,\mathrm{cm}^2$

解説

❸ (1) この円錐《えんすい》の展開図において，側面は半径 5cm のおうぎ形になり，おうぎ形の中心角は，

$360°\times\frac{6\pi}{10\pi}=216°$

側面積は，$\pi\times5^2\times\frac{216}{360}=15\pi(\mathrm{cm}^2)$

別解 半径 r，弧の長さ ℓ のおうぎ形の面積 S は $\boldsymbol{S=\frac{1}{2}\ell r}$ で求められる。よって，

側面積は，$\frac{1}{2}\times6\pi\times5=15\pi(\mathrm{cm}^2)$

(2) $\pi\times3^2+15\pi=24\pi(\mathrm{cm}^2)$

21 立体の表面積と体積②

❶ (1) $360\mathrm{cm}^3$ (2) $300\pi\mathrm{cm}^3$

❷ (1) $160\mathrm{cm}^3$ (2) $270\pi\mathrm{cm}^3$

❸ (1) $144\pi\mathrm{cm}^2$ (2) $288\pi\mathrm{cm}^3$

解説

❸ 線分ABを軸《じく》として1回転してできる立体は，直径が12cmの球である。
球の半径は，$12\div2=6$(cm)
(1) $4\pi\times6^2=144\pi(\mathrm{cm}^2)$
(2) $\frac{4}{3}\pi\times6^3=288\pi(\mathrm{cm}^3)$

▶資料の整理

22 資料の整理

❶ (1)

時間(分)	度数(人)	相対度数	累積度数	累積相対度数
以上 未満				
0 ～ 10	2	0.10	2	0.10
10 ～ 20	8	0.40	10	0.50
20 ～ 30	6	0.30	16	0.80
30 ～ 40	3	0.15	19	0.95
40 ～ 50	1	0.05	20	1.00
計	20	1.00		

(2)

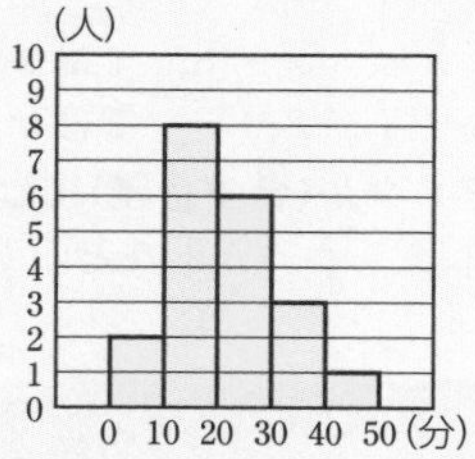

(3) 37分

解説

❶ (1) いちばん小さい階級から各階級までの度数の和を，**累積《るいせき》度数**という。

社会

▶地理的分野

23 世界と日本の地域構成

❶ (1) ①ユーラシア ②アフリカ
(2) ③太平洋 ④大西洋
(3) ①**ウ** ②**エ** ③**イ** ④**ア**

❷ (1) A…大韓民国《だいかんみんこく》(韓国)
B…中華人民共和国《ちゅうかじんみんきょうわこく》(中国)
(2) 標準時子午線
(3) 7(月)19(日)午後11(時)
(4) 北方領土《ほっぽうりょうど》
(5) 排他的《はいたてき》経済水域

解説

❶ (3) ①はインド，②はオーストラリア，③はエジプト，④はイタリアである。

❷ (3) イギリスと日本の経度差は135度で，時差は135(度) ÷ 15(度) = 9(時間)。イギリスの時間から9時間進める。
(4) 北方領土《ほっぽうりょうど》とは，歯舞《はぼまい》群島，色丹島《しこたんとう》，国後島《くなしりとう》，択捉島《えとろふとう》です。

24 世界の人々の生活と環境

❶ (1) 小麦 (2) オアシス
(3) 遊牧 (4) サリー

❷ (1) イスラム教 (2) **ア** (3) **イ**

解説

❶ (1) 小麦は，ヨーロッパ州や西アジア，南アジア，北アメリカ州，南アメリカ州の南部，オセアニア州などの広い地域で主食として用いられている。
(4) チャドルは，イランなどでイスラム教を信仰する女性が着る外出用の衣服である。

❷ (1) 斜線《しゃせん》の地域は西アジアや北アフリカなどを示す。この地域には，イスラム教徒が多い。

25 アジア①

❶ (1) **Y**　(2) ASEAN《アセアン》
(3) ①一人っ子政策
②漢民族(漢族)
③経済特区(経済特別区)
❷ (1) **イ**　(2) 二期作
(3) プランテーション　(4) **ウ**

解説

❶ (2) 東南アジア諸国連合でも正解。

❷ (4) グラフを見ると，タイやインドネシア，ベトナムなど東南アジアの国々が上位なので，**プランテーション**で栽培《さいばい》される天然ゴムがあてはまる。

26 アジア②

❶ (1) **イ**　(2) ①**ア**　②**エ**　③**ウ**
❷ (1) ①サウジアラビア
②アラブ首長国連邦《れんぽう》
(2) 石油輸出国機構(OPEC《オペック》)
(3) イスラム教

解説

❶ (2) ①は大韓民国《だいかんみんこく》(韓国)，②はマレーシア，③はタイである。

❷ (3) グラフ中の上位5か国が含《ふく》まれる西アジアではイスラム教徒が多い。

27 ヨーロッパ①

❶ (1) 北緯《ほくい》40度の緯線…**D**
0度の経線…**A**
(2) EU(ヨーロッパ連合)
(3) 海…北海　鉱産資源…原油(天然ガス)
❷ **X**…混合農業・**イ**
Y…地中海式農業・**ウ**

解説

❶ (2) イギリスは，2016年にEUからの離脱を決定し，2020年1月，正式に離脱した。
(3) 北海で初めて石油が産出されたのは1960年代。

❷ **ア**は**酪農**《らくのう》，**エ**は**遊牧**。

28 ヨーロッパ②

❶ (1) **A**…ラテン(系言語)
B…ゲルマン(系言語)
(2) **イ**　(3) ①ユーロポート　②ユーロ
❷ (1) **イ**　(2) パイプライン　(3) **ア**

解説

❶ (1)，(2) **A**はフランス，**B**はドイツ。

❷ (1) 世界の面積は約136,200千km^2，ロシア連邦《れんぽう》の面積は約17,098千km^2。17098÷136200＝0.12…で，約8分の1。

29 アフリカ

❶ (1) ナイル川　(2) 茶　(3) ①**イ**　②**ウ**
(4) モノカルチャー経済
❷ (1) ①**イ**　②**ア**　③**エ**　④**ウ**
(2) レアメタル

解説

❶ (1)，(2) **X**はエジプト，**Y**はケニア。
(3) ①はナイジェリア，②はザンビア。

❷ (2) **レアメタル(希少金属)**には，マンガンやクロム，コバルトなどがある。

30 北アメリカ

❶ (1) サンベルト　(2) **イ**　(3) グレートプレーンズ　(4) ①**ウ**　②**カ**　③**イ**
(5) ロッキー山脈
❷ (1) USMCA　(2) **ア**

解説

❶ (1) **サンベルト**は，北緯37度以南の地域。
(4) **ア**は春小麦，**エ**は冬小麦，**オ**は各種

農業。

2 (1) NAFTA（北米自由貿易協定）に代わる貿易協定。

(2) シリコンバレーとは，コンピューターや半導体関連のハイテク（先端技術）産業が集中している地区である。

31 南アメリカ

1 (1) アマゾン川　(2) スペイン語

(3) A…**イ**　B…**エ**

2 ①銅　②原油　(1) a…**オ**　b…**ア**

(2) X　(3) **ア**

解説

1 (2) ブラジルの公用語はスペイン語ではなく，ポルトガル語である。

2 (3) **あ**はエクアドル，**い**はペルー。

32 オセアニア

1 (1)（東経）135（度）　(2) **ア**　(3) B

(4) ①イギリス　②中国（中華人民共和国《ちゅうかじんみんきょうわこく》）

2 (1) 石炭　(2) **イ**　(3) グレートアーテジアン（大鑽井《だいさんせい》）盆地《ぼんち》　(4) マオリ

解説

1 (2) 石炭は東部の山岳地帯，鉄鉱石は北西部のピルバラ地区などで産出される。

2 (2) **ア**の生産量が世界最大の国は中国。**ウ**の生産量が世界最大の国はインド。

▶歴史的分野

33 人類の始まりと古代文明

1 ①猿人《えんじん》　②新人　③打製

問い…旧石器時代

2 (1) メソポタミア文明　(2) エジプト文明　(3) インダス川　(4) キリスト教

3 ①殷《いん》　②甲骨《こうこつ》　③孔子《こうし》　④秦《しん》　⑤シルクロード

解説

1 ②新人には**クロマニョン人**などがいる。

2 (1)～(3) エジプト・メソポタミア・インダス・中国（黄河《こうが》）の古代文明に共通するのは，大河の流域，農耕と文字，青銅器などの使用。

34 日本のあけぼのと国家の形成

1 (1) A…土偶《どぐう》　記号…**ア**

(2) B…銅鐸《どうたく》　語…高床《たかゆか》

(3) 倭《わ》

(4) 人々…渡来人《とらいじん》　王…大王《おおきみ》

2 (1) 卑弥呼《ひみこ》　(2) 魏《ぎ》　(3) 石包丁《いしぼうちょう》

解説

1 (2) 銅鐸は祭りの道具と考えられている。

(4) **写真D**は**大仙古墳**《だいせんこふん》**（仁徳陵古墳**《にんとくりょう》**）**。「大王」から「天皇《てんのう》」という称号《しょうごう》が使われはじめたのは，天武《てんむ》天皇のころ。

2 資料は，**『魏志**《ぎし》**』倭人伝**《わじんでん》の要約の一部である。

35 聖徳太子の政治と大化の改新

1 (1) **イ**，**ウ**　(2) **ア**

(3) 法隆寺《ほうりゅうじ》

2 (1) 大化の改新　(2) 中臣鎌足《なかとみのかまたり》

(3) ①白村江《はくすきのえ》《はくそんこう》の戦い　②**ウ**

③壬申《じんしん》の乱

解説

1 (3) 法隆寺は，1993年に世界文化遺産に登録された。

2 (2) 天智《てんじ》天皇から藤原《ふじわら》の姓をあたえられ，その後の藤原氏繁栄《はんえい》のもとをつくった。

(3) ①この戦いに敗れた日本は，朝鮮《ちょうせん》半島から手を引き，国内の政治改革に力を注ぐようになった。

36 平城京と聖武天皇の政治

1 (1) 班田収授法《はんでんしゅうじゅのほう》
(2) 天皇…聖武《しょうむ》天皇　記号…**イ**
(3) 鑑真《がんじん》

2 (1) 大宝律令《たいほうりつりょう》　(2) ①墾田永年《こんでんえいねん》私財法
②荘園《しょうえん》　(3) 万葉集《まんようしゅう》

解説

1 (2) **ア**は天智天皇，**ウ**と**エ**は聖徳太子《しょうとくたいし》が行ったことである。

2 (1) 文武《もんむ》天皇のときに完成した，律令制度のもととなった法律。

37 平安京と摂関政治

1 (1) 空海《くうかい》　(2) 坂上田村麻呂《さかのうえのたむらまろ》

2 ①天皇　②摂政《せっしょう》　(1) 紫式部《むらさきしきぶ》
(2) 寝殿造《しんでんづくり》

3 ①平将門《たいらのまさかど》　②平清盛《きよもり》
問い…中尊寺金色堂《ちゅうそんじこんじきどう》

解説

1 (1) 天台《てんだい》宗を広めた**最澄《さいちょう》**と間違えないこと。
(2) 坂上田村麻呂を征夷大将軍《せいいたいしょうぐん》に任じたのは，桓武《かんむ》天皇である。

3 ①関東地方とあることから平将門。瀬《せ》戸内海《とないかい》なら藤原純友《ふじわらのすみとも》。
問い…東北地方でおこった２度の戦乱とは，前九年《ぜんくねん》合戦(1051~62 年)と後三年《ごさんねん》合戦(1083~87 年)である。後三年合戦のあと，東北地方を支配した奥州藤原《おうしゅうふじわら》氏は，平泉《ひらいずみ》(岩手県)に中尊寺金色堂を建てた。

38 鎌倉幕府の政治と元の襲来

1 ①頼朝《よりとも》　②守護《しゅご》　③地頭　④御家人《ごけにん》
⑤御恩《ごおん》

2 ①政子《まさこ》　②承久《じょうきゅう》　③六波羅《ろくはら》
④御成敗《ごせいばい》(貞永《じょうえい》)

3 (1) 元寇《げんこう》　(2) **ア**

解説

1 図のような主従関係を**封建《ほうけん》制度**という。

2 ①北条《ほうじょう》政子は源頼朝の妻で，当時の執《しっ》権《けん》北条義時《よしとき》の姉。

3 (2) 絵の中央付近で爆発《ばくはつ》しているのが「てつはう」という火薬を使った武器で，これは元軍《げんぐん》が使用した。

39 室町幕府の政治

1 ①後醍醐《ごだいご》　②尊氏《たかうじ》　③義満《よしみつ》　④管領《かんれい》

2 (1) 金閣《きんかく》　(2) 勘合《かんごう》　(3) 倭寇《わこう》
(4) 銀閣《ぎんかく》　(5) **ア**　(6) 書院造《しょいんづくり》
(7) 惣《そう》(惣村)　(8) 座《ざ》

解説

1 ①**建武《けんむ》の新政**を始めたのは後醍醐天皇である。
③室町幕府の第３代将軍の足利義満は南朝と北朝を一つにまとめ，幕府の権力を確立した。
④鎌倉幕府の執権《しっけん》と混同しないこと。

2 (2) **日明《にちみん》貿易**で大量の銅銭(永楽通宝《えいらくつうほう》など)や生糸《きいと》などが輸入された。
(5) Ｃは 1489 年に建てられた。**ア**は 1485 年，**イ**は 1392 年，**ウ**は 1297 年，**エ**は 1274 年と 1281 年。

40 ヨーロッパ人の海外進出

1 (1) ルター　(2) 宗教改革　(3) プロテスタント　(4) イエズス会

2 (1) Ａ…コロンブス　Ｂ…バスコ＝ダ＝ガマ　Ｃ…マゼラン　(2) スペイン
(3) アステカ帝国《ていこく》，インカ帝国
(4) ポルトガル

解説

1 (1), (2) フランス人のカルバンは，スイスで宗教改革をおこした。

2 (2), (3) 今のメキシコからペルーを中心にアステカ帝国やインカ帝国が栄えていたが，スペイン人に滅《ほろ》ぼされた。

41 ヨーロッパ人の来航

1 (1) A…種子島《たねがしま》　B…フランシスコ＝ザビエル　(2) **ウ**　(3) **ア**
(4) ①南蛮《なんばん》貿易　②**イ**

解説

1 (2) 一騎討《いっきう》ちから，鉄砲《てっぽう》を使った集団戦法に変わった。
(3) プロテスタントの広まりに対してカトリック教会側も改革を行い，アメリカ大陸やアジアへの布教をすすめた。

42 天下統一へのあゆみ

1 ①織田信長《おだのぶなが》　②安土《あづち》　(1) 鉄砲《てっぽう》　(2) **イ**
2 (1) (太閤《たいこう》)検地　(2) ①刀　②一揆《いっき》
(3) 姫路《ひめじ》城　(4) 出雲《いずも》の阿国《おくに》

解説

1 (2) 市場の税を免除《めんじょ》し，商品の生産・販《はん》売《ばい》を独占《どくせん》していた**座**を認めないのが**楽《らく》市《いち》・楽座《らくざ》**。

2 (2) 法令は**刀狩令《かたながりれい》**。**太閤検地**や刀狩によって武士と農民の身分の区別が明確になり，**兵農分離《へいのうぶんり》**が進んだ。

理　科

▶光・音・力

43 光の反射と屈折

1 (1) 屈折角《くっせつかく》…**カ**　反射角《はんしゃかく》…**ウ**
(2) 入射角…30°　屈折角…50°　(3) **ウ**

解説

1 (1) 反射角は，入射角と**等しい**から，**ウ**である。光が空気中から水中へ進むとき，屈折角は入射角より**小さく**なるので，**カ**。
(2) 入射点でガラスの面に立てた垂線とのつくる角を読みとる。

44 凸レンズのはたらき

1 (1) **エ**　(2) **イ**　(3) ①c　②c
(4) 虚像《きょぞう》

解説

1 (1), (2) 凸《とつ》レンズと物体の距離《きょり》が焦点《しょうてん》距離の2倍の位置にあるときの物体の像《ぞう》は，物体と**同じ大きさ**で，**上下左右が逆**になる。
(3) 物体より**大きい実像**ができる。
(4) 物体より**大きい虚像**ができる。

45 音の性質

1 (1) 500 Hz　(2) ①空気　②波
(3) **ア**　(4) 弦《げん》の振動数《しんどうすう》が多くなり，音の高さは高くなる。

解説

1 (1) 1秒間に振動する回数が**振動数**である。
(2) 音源の振動が空気中を波となって耳まで伝わるので，音が聞こえる。
(3) 弦を短くすると振動数が多くなり，弦を強くはじくと振幅《しんぷく》が大きくなる。

46 力とその表し方

❶ (1) 図1…**イ**　図2…**ア**　図3…**ウ**
(2) 摩《ま》擦《さつ》力　(3) 重力

❷

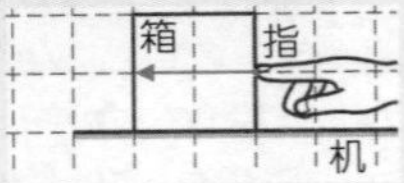

❸ 比例

解説

❶ (1) 図1…自転車がとまる。
図2…ばねが伸《の》びる。
図3…荷物を支えている。

❷ 力の図示は，力がはたらいている作用点から力の向きに，力の大きさに比例させた長さの矢印で表す。

❸ グラフは原点を通る直線であり，ばねに加える力とばねの伸びは，比例の関係にある。これを**フックの法則**という。

47 力のつりあい

❶ ①大きさ　②同一直線　③反対(逆)
❷ **エ**
❸ **イ**

解説

❶ 2力がつりあう条件のうち，1つでも条件にあわないと2力はつりあわない。

❷ 重力は物体の中心を作用点にして，1本の矢印で代表させて描《か》く。

❸ 矢印の長さが等しく，向きが反対で，同一直線上にあるものを選ぶ。

▶物質とその性質

48 物質のすがた

❶ (1) 炭素　(2) 食塩…A　砂糖《さとう》…C
❷ (1) **ア**，**イ**，**エ**　(2) 密《みつ》度《ど》
(3) 7.9 g/cm^3

解説

❶ (1) CとDが「焦《こ》げた」のは，炭素が燃えたためである。
(2) 食塩は水に溶《と》け，加熱しても色は変化しない。砂糖は水に溶け，加熱すると焦げる。

❷ (1) アルミニウムなど，磁石につかない金属もある。
(2) 物質1 cm^{3}あたりの質量《しつりょう》を密度といい，物質の種類により異なる。
(3) $\dfrac{79\ \text{g}}{10\ \text{cm}^3}=7.9\ \text{g/cm}^3$

49 実験器具の扱い方

❶ D→A→C→E→B
❷ (1) 1 cm^3　(2) **イ**　(3) 33.5 cm^3
❸ (1) A…指針(針)　B…調節ねじ
(2) 指針(針)が左右に同じだけ(等しく)振《ふ》れる。

解説

❶ ガスの元栓《もとせん》を開く前に，ガス調節ねじと空気調節ねじが閉まっていることを確認することが必要である。

❷ (2) 目盛りは，目の位置を液面と同じ高さにして，1目盛りの$\dfrac{1}{10}$まで目分量で読む。

❸ (2) 指針が左右に等しく振れているとき，つりあっているとみなしてよい。

50 状態変化と体積変化

❶ (1) ①**イ**，**ウ**，**カ**
②体積…大きくなる。
質量《しつりょう》…変化しない。
(2) ①Xの温度…融点《ゆうてん》
Yの温度…沸点《ふってん》
②b
(3) アセトン

解説

❶ (1) ②ろうは，液体になると体積が大きくなる。状態変化では，質量は変化しない。したがって密度は小さくなる。

(2) ②aは固体，bは固体と液体，cは液体，dは液体と気体の状態である。

51 気体の発生とその性質

❶ (1) 気体A…**ア**　名称《めいしょう》…上方置換《ちかん》法

気体B…**ウ**　名称…水上置換法

(2) A…アンモニア　B…酸素

C…水素

D…二酸化炭素

❷ (右図)

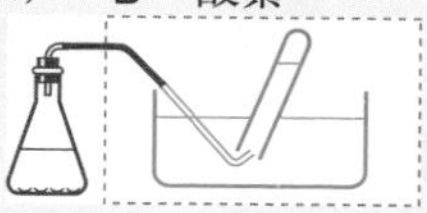

解説

❶ 気体Aのアンモニアは，塩化アンモニウムと水酸化カルシウムを混ぜて，そのまま加熱しても得られる。

❷ 水を入れた状態の試験管の口に，ガラス管の曲がった先の短いほうから発生する気体を水の入った水槽《すいそう》内で集める。

52 水溶液と再結晶

❶ (1) 水溶液の温度が下がり，溶解度《ようかいど》が小さくなったから。

(2) 加熱して水を蒸発させる。　(3) **ウ**

❷ (1) 196 g　(2) 2 %

解説

❶ (1) 一度水に溶《と》かした物質を，再び結晶《けっしょう》としてとり出すことを**再結晶**という。温度が下がり溶解度が小さくなると，溶けきれなくなったミョウバンが結晶となって出てくる。

❷ (1) 加える水の質量を x〔g〕とすると，

$\frac{4}{4+x}\times 100=2$　$x=196$〔g〕

(2) 濃度《のうど》10 %の食塩水 50 g には食塩が 5 g 含《ふく》まれている。水 200 g を加えると，

$\frac{5}{50+200}\times 100=2$〔%〕となる。

▶生物の観察と分類

53 身のまわりの生物の観察

❶ (1) 影《かげ》をつけずに点と線で細部をはっきりと描《か》く。

(2) **イ**　(3) 日あたりのよい場所

❷ (1) ③→②→④→①　(2) **イ**

(3) 視野の明るさ…暗くなる。

見える範囲《はんい》…狭《せま》くなる。

解説

❶ (1) 目的とするものだけを対象《たいしょう》にして，影をつけず，点と線で細部をはっきりと描くようにする。

(2) この花の場合は，**ア**がめしべで，**イ**がおしべである。

54 花のつくりとはたらき

❶ (1) ①X…がく　Y…花弁

② 像が立体的に見えること。(像の上下左右が逆転しないこと。)

(2) ①被子《ひし》　②柱頭

③子房《しぼう》　④胚珠《はいしゅ》

(3) **ア**

解説

❶ (1) ①花のつくりは**めしべ**を中心に，**おしべ**，**花弁**，**がく**の順についている。

②顕微鏡《けんびきょう》は通常，像の上下左右が反転しているが，双眼実体顕微鏡《そうがんじったいけんびきょう》は像の上下左右が逆にならないつくりになっている。

(2) 受粉後，胚珠は種子に，子房は果実になる。

55 花の咲く植物のなかま

1 (1) 裸子《らし》植物　(2) ひげ根
(3) ア，エ　(4) ウ

2 ウ

解説

1 (3) ユリは**単子葉類**《たんしようるい》である。一方，アブラナとサクラは**双子葉類**《そうしようるい》で，花弁が分かれている。
(4) エンドウの花には1つの花にめしべとおしべがあり，マツは果実をつくらず，スギの花はめしべをもたない。

2 単子葉類の植物の葉脈《ようみゃく》は平行で，双子葉類の植物の葉脈は網目状である。

56 花の咲かない植物のなかま

1 (1) ウ　(2) 胞子《ほうし》のう　(3) 胞子

2 (1) A　(2) 仮根
(3) からだを土や岩に固定させる。

3 A，C，D

解説

1 イヌワラビは，花は咲かないが，葉緑《ようりょく》体《たい》も維管束もあり，胞子でふえる。

3 A～Eで，胚珠《はいしゅ》のあるものは，種子植物であるAのタンポポ，Cのマツ，Dのサクラである。

57 動物のなかま ①

1 (1) ①えら　②皮膚《ひふ》
(2) 体温の保ち方　(3) ハ虫類

2 (1) 肉食動物
(2) 犬歯が鋭《するど》く発達しているから。

解説

1 (1) 子は水中で生活し，えらで呼吸する。カエルの肺は十分発達しておらず，うすい皮膚で直接酸素をとり入れている。
(2) AとBは，気温によらず体温が一定である**恒温《こうおん》動物**。C～Fは，気温により体温が変化する**変温動物**である。
(3) CとFはハ虫類である。

2 肉食動物は，獲物をとらえるため，草食動物に比べ，犬歯が鋭く発達している。

58 動物のなかま ②

1 (1) 無セキツイ動物　(2) 節足動物
(3) A，B，C　(4) 外とう膜
(5) 軟体動物　(6) D，E　(7) イ

解説

1 無セキツイ動物のうち，からだが節のある外骨格でおおわれているものを**節足動物**，内臓が**外とう膜**でおおわれているものを**軟体動物**という。

▶大地の変化

59 火山活動と火成岩

1 (1) ねばりけ　(2) ①図2　②図1
(3) 図2

2 (1) ①等粒状《とうりゅうじょう》組織
②マグマが地下の深い所でゆっくりと冷え，固まってできた。
(2) セキエイ

解説

1 (1) 火山の形には，マグマのねばりけによって，大きく3つのパターンがある。ねばりけが最も強い場合は，おわんをふせたような形になる。
(3) マグマのねばりけが強い火山ほど，溶岩《ようがん》は白っぽい。

2 (1) マグマが地下深い所でゆっくりと冷えると鉱物は大きな結晶《けっしょう》まで成長する。
(2) 花こう岩は，白っぽいチョウ石のほ

かに，透明《とうめい》なセキエイを多く含《ふく》む。

60 地震のゆれ

1 (1) 主要動《しゅようどう》 (2) 6秒 (3) 6.7 km/秒
2 (1) 太平洋側 (2) 断層《だんそう》

解説

1 (3) 小さなゆれを起こすP波は，B市からA市までの 139－45＝94 km を，
8時47分14秒－8時47分00秒
＝14秒 かかって伝わっているので，
P波の速さは，94 km÷14秒＝6.71… より，約 6.7 km/s である。

2 (1) 太平洋側では，海洋プレートが大陸プレートの下へ沈《しず》みこんでおり，それが地震《じしん》発生の原因になっている。

61 大地の変動

1 (1) フィリピン海プレート
(2) a，d
2 (1) 海溝 (2) ①浅く ②深く ③B

解説

1 海洋プレートである太平洋プレートとフィリピン海プレートが，大陸プレートである北アメリカプレートとユーラシアプレートの下に沈《しず》みこんでいる。

2 海洋プレートと大陸プレートの境界面で起こる地震の震源の深さは，太平洋側から日本列島の下に向かって深くなっている。

62 地層のようす

1 (1) D→C→E→B→A
(2) 火山が噴火《ふんか》した。
(3) 粒《つぶ》の大きいものほどはやく沈《しず》むから。
(4) 粒の大きさ
(5) ①エ ②二酸化炭素

解説

1 (1) D層，C層が堆積《たいせき》したあと，E層が地下から上昇した。そのあとB層，A層が堆積したと考えられる。
(3) 粒《つぶ》の大きいものほど重いので，はやく沈《しず》む。
(5) 生物の死がいなどがおしかためられてできた堆積岩には，石灰岩やチャートがある。塩酸をかけると，二酸化炭素を発生するのが石灰岩で，チャートは塩酸をかけても反応しない。

63 地層の年代と化石

1 (1) ア，ウ (2) 堆積岩 (3) イ
2 (1) 河口《かこう》や湖などでできた。
(2) 示相化石《しそうかせき》

解説

1 (3) ビカリアは新生代の**示準化石《しじゅんかせき》**，恐竜《きょうりゅう》の化石は中生代の示準化石であるから，地層Qは地層Pより古い時代の地層である。

2 シジミは河口や湖にすんでいるので，A層は，河口や湖で堆積したことを示す。地層が堆積した当時の環境《かんきょう》を示す化石を**示相化石《しそうかせき》**という。

64 火山災害・地震災害

1 (1) プレート (2) 火砕流
(3) 土石流 (4) 液状化
(5) 津波 (6) ハザードマップ
(7) 緊急地震速報

解説

1 (5) 震源となった海底にずれが生じ，もり上がった海水が大きな波となり，沿岸におしよせるのが**津波**である。

英　語

▶be動詞

65 これは学校です。

❶ (1) This is　(2) That is　(3) That's
(4) That's not〔That isn't〕, It's
❷ (1) あれ〔それ〕は新しいかさです。
(2) これはユカコのエプロンではありません。
❸ (1) This is a big dog.
(2) It's not Mike's watch.
(3) That is a notebook.

解説

❶ (2) This is ～. や That is ～. は,「こちらは～(さん)です」や「あちらは～(さん)です」と人を紹介するときにも使う。
(4) 解答らんの数から短縮形を考える。that is not は that's not か that isn't, it is は it's と短縮できる。

66 これはいすですか。

❶ (1) Is that　(2) it is　(3) your　(4) it
❷ (1) Is this a desk ?
(2) That's an old cup.
(3) Yes, it is.
❸ (1) Is that a zebra ?
(2) No, it's not.

解説

❶ (1) 疑問文は is を主語 that の前に出す。Mika's のように, **所有を表す語の前に a や an は使わない。**
(3) your は「あなたの」, my は「わたしの」という意味。
(4) Is this ～ ? の答えの主語は it を使う。
❷ (2) old のような**母音で始まる語の前には a ではなく an を使う。**

67 これはわたしの部屋です。

❶ (1) their　(2) our　(3) your
(4) His
❷ (1) my〔our〕　(2) her　(3) his
❸ (1) Their father is a doctor.
(2) Is that your new bike ?

解説

❶ (3)「あなたの」も「あなたたちの」も your。
❷ (2)「あれはケイコの机ですか。」に対して No で答えているので,「それは彼女の机ではありません。」とする。
(3)「あなたのお兄さん〔弟さん〕の」は男性なので「彼の」his を使って表す。
❸ (2)「あなたの新しい自転車」は your new bike の語順。

68 わたしは先生です。

❶ (1) I am　(2) You are　(3) Are you
(4) I'm not
❷ (1) Are you an English teacher ?
(2) Yes, I am.
❸ (1) You're a good boy.
(2) I am not from Canada.
(3) Are you Ken's sister ?

解説

❶ (3)「あなたは～ですか」は Are you ～?。
(4) I am not を 2 語で表すと I'm not。**am not は短縮できない。**
❷ (1) are を主語 you の前におく。
(2)「あなたは～ですか」とたずねられたら,「わたしは」を主語にして答える。
❸ (1)「君は～です」は「あなたは～です」と考え, You are が必要だが, 1 語とあるので短縮形の You're を補う。

69 彼女は大阪出身です。

❶ (1) She's (2) He's (3) It's
❷ (1) She is (2) Is, she is
(3) He isn't〔He's not〕
❸ (1) She is not〔She isn't / She's not〕 Kenji's grandmother.
(2) Is Kazu a good soccer player ?
(3) No, she is not〔she's not / she isn't〕.
(4) He is〔He's〕 a teacher.

解説

❷ (1) Emi は女性なので，２文目では代名詞 she で受ける。
(2) 疑問文は Is から始める。Ms. Okada は女性なので，答えの文では she を使う。
(3) 否定文は is のあとに not をおく。
❸ (4) Emi's father は男性なので，代名詞は he を使う。

▶疑問詞①

70 これは何ですか。

❶ (1) What is (2) It's an (3) Who is
(4) Which is
❷ (1) イ (2) ア (3) オ (4) ウ (5) エ
❸ (1) What is〔What's〕 this ?
(2) Who is〔Who's〕 that boy ?
(3) She is〔She's〕 my sister.

解説

❷ (3)「あれは何ですか。」「それはリンゴです。」
(5)「あちらの男の人はだれですか。」「彼はわたしの先生です。」
❸ (1) what を使い，「何ですか」とものをたずねる文に。
(2) who を使い，「だれですか」とたずねる文に。

71 これはだれのかばんですか。

❶ (1) Whose notebook, It's mine
(2) Where is, It's
(3) Whose is, It's yours
❷ (1) What time (2) Whose
(3) Where
❸ (1) Where is the library ?
(2) Whose car is that ?〔Whose is that car ?〕

解説

❷ (1)「ロンドンでは今何時ですか。」「8時です。」
(2)「これはだれのラケットですか。」「わたしの姉〔妹〕のものです。」
(3)「あなた(たち)の家はどこですか。」「ミカの家のとなりです。」
❸ (1) 下線部は near the gym「ジムの近くに」なので場所をたずねる文に。「図書館はどこですか。」
(2)「あれはだれの車ですか。〔あの車はだれのものですか。〕」

▶複数形

72 これらは彼女の本です。

❶ (1) three cups (2) eight buses
(3) ten watches (4) seven leaves
(5) fifteen countries
❷ (1) cats (2) Those (3) Are
❸ (1) These aren't (2) Who are
(3) Whose pencils
❹ (1) These are small boxes.
(2) Those are three bags.

解説

❶ (2)(3) **s, ss, ch, sh, x, z** で終わる語には **es** をつける。
(4) leaf は **f** を **v** にかえて **es** をつける。

(5) country は **y を i にかえて es** をつける。

❷ (1)「これらはわたしのねこです。」
(2)「あれらはわたしたちのカメラです。」
(3)「これらの絵はあなた(たち)のものですか。」

❸❹ **主語が複数のとき，be 動詞は are** を使う。

73 わたしたちはクラスメートです。

❶ (1) オ　(2) ウ　(3) エ
❷ (1) We are　(2) Are you, we are
(3) Those boys are　(4) They are
❸ (1) We are not〔We aren't /We're not〕from Australia.
(2) Are they our teachers ?
(3) Who are they ?

解説

❶ (1) Ken and Hiroshi は they「彼らは」におきかえて答える。「ケンとヒロシは野球選手ですか。」「はい，そうです。」
(2) 答えの文では you and Miki は we「わたしたちは」におきかえる。「あなた(たち)とミキは姉妹ですか。」「はい，そうです。」
(3)「あなたたちは姉妹ですか，それとも友だちですか。」「わたしたちは姉妹です。」

❸ (3) she の複数形は they。is も are にかわる。

▶一般動詞

74 わたしは音楽が大好きです。

❶ (1) study　(2) like　(3) run
(4) speak　(5) want
❷ (1) me　(2) him　(3) her　(4) them
❸ (1) You play the piano every
(2) I usually play tennis with my brother.

解説

❷ (1)「あなた(たち)の先生方はわたしを知っています。」
(2)「わたしはときどき彼を手伝います。」
(3)「わたしは彼女といっしょに学校へ行きます。」前置詞のあとは目的格。
(4)「わたしはそれらが大好きです。」
(1)(2)(4) 一般動詞のあとは目的格。

❸ (2) **usually はふつう一般動詞の前**におく。

75 タクヤはテニスが好きです。

❶ (1) watches　(2) reads　(3) lives
(4) has
❷ (1) studies　(2) goes　(3) sings
(4) teaches　(5) enjoys
❸ (1) She helps Ms. Green every day.
(2) Your father uses this computer.
(3) Aki eats breakfast at seven.

解説

❶ (4) **have** は **has** と不規則にかわる。

❷ (1) study は〈子音字(d)＋y〉で終わる動詞なので，**y を i にかえて es** をつける。
(2)(4) **o, ch で終わる動詞は es** をつける。
(5) enjoy は〈母音字(o)＋y〉で終わる動詞なので，**そのまま s** をつける。

76 あなたは自転車を持っていますか。

❶ (1) Do, know　(2) Do, like
(3) Does, study
❷ (1) Do those students clean their rooms ? — Yes, they do.
(2) Does Yuki go to school by bus ? — No, she does not〔doesn't〕.
(3) Does the boy have a good racket ? — Yes, he does.
❸ (1) Do you listen to music
(2) Does your father cook well ?

解説

❷ (1)「あの学生たちは彼らの部屋を掃除しますか。」「はい，します。」
(2)「ユキはバスで学校に行きますか。」「いいえ，行きません。」
(3)「その少年はよいラケットを持っていますか。」「はい，持っています。」

77 彼は野球をしません。

❶ (1) don't watch　(2) doesn't know
(3) doesn't live

❷ (1) I do not〔don't〕play the guitar.
(2) Mary does not〔doesn't〕study Japanese hard.
(3) Miki and I do not〔don't〕walk to school.
(4) My father does not〔doesn't〕get up early.

❸ (1) わたしはサッカーがあまり好きではありません。
(2) わたしの姉〔妹〕は1枚もCDを持っていません。
(3) ユカリはリンゴを食べません。

解説

❷ (3) 主語がMiki and Iと複数なので，do notを使う。

❸ (1) 否定文中のveryは「あまり(〜でない)」の意味。
(2) 否定文中のany 〜は「**1つも(〜ない)**」の意味。

▶助動詞

78 わたしは英語が話せます。

❶ (1) can swim　(2) can read
(3) cannot〔can't〕cook
(4) Can, sing　(5) she can

❷ (1) Can you play the violin ?
(2) Ken's dog can run very fast.
(3) The boy cannot〔can't〕use this computer.

❸ (1) Jane cannot write Japanese.
(2) Can your brother ride a bike ?

解説

❶ (1)(2) **canのあとの動詞はいつも原形。**
(4)(5) Can 〜 ? の疑問文にはcanを使って答える。

❷ (1) Canを主語の前におく。
(2) runsはrunにかえる。
(3) canをcannotまたはcan'tにかえる。

▶命令文

79 窓を開けなさい。

❶ (1) Get up　(2) Please sit
(3) Let's clean　(4) Yes, let's
(5) Please don't

❷ (1) Speak English in this room.
(2) Don't swim in the river.

❸ (1) Don't use this computer.
(2) Let's play tennis after

解説

❶ (2)「どうぞ〜してください」は〈Please＋動詞の原形〜.〉または〈動詞の原形〜, please.〉。
(3)「〜しましょう」は〈Let's＋動詞の原形〜.〉。
(5)「〜しないでください」は〈Please don't＋動詞の原形〜.〉または〈Don't＋動詞の原形〜, please.〉。

❷ (2)「〜してはいけません」は〈Don't＋動詞の原形〜.〉。

❸ (2) after schoolで「放課後」という意味。

▶疑問詞②

80 あなたは何がほしいですか。

❶ (1) What do, do
(2) How, sisters, have
(3) Who
(4) Which does, like

❷ (1) How many oranges do they need ?
(2) Who studies English hard ?

❸ (1) イ (2) ウ (3) エ (4) ア

解説

❶ (1)「何」は What でたずねる。「する」は do で表す。
(2) **How many のあとの名詞は複数形。**
(3) 疑問詞 Who が主語の一般動詞の疑問文。答えの文は〈主語＋do〔does〕.〉の形。

❷ (1) 数をたずねる文に。「彼(女)らは何個のオレンジが必要ですか。」
(2)「だれが熱心に英語を勉強しますか。」

❸ (1)「あなたは毎週何冊の本を読みますか。」
(2)「あなた(たち)のお父さんはかばんに何を持っていますか。」
(3)「だれがとても速く走りますか。」
(4)「あなたはテニスとサッカーのどちらをしますか。」

81 あなたはいつ野球をしますか。

❶ (1) is (2) do (3) does (4) are

❷ (1) When does, swim
(2) What time do
(3) Where do, play
(4) How does, come
(5) When is

❸ (1) How do the girls go to the library ?
(2) What time does Emi eat breakfast ?
(3) When does Yuji study in the library ?
(4) Where do they live ?

解説

❶❷❸「～はいつですか」When is〔are〕～?,「～はどこにありますか〔いますか〕」Where is〔are〕～?
「いつ～しますか」〈When do〔does〕＋主語＋動詞の原形～?〉
「どこで～しますか」〈Where do〔does〕＋主語＋動詞の原形～?〉

▶現在進行形

82 わたしは今，ピアノを弾いています。

❶ (1) cooking (2) are (3) doing
(4) isn't

❷ (1) is playing (2) am making
(3) aren't studying
(4) is running

❸ (1) I am〔I'm〕 swimming in the sea.
(2) They aren't〔They're not / They are not〕 writing letters.
(3) We are〔We're〕 helping Mr. Smith.
(4) Yumi and Ken are talking with Emi.

解説

❶「～しています」という現在進行形は〈am〔is, are〕＋～ing 形〉で表す。

❷ (2) make → making
(4) run → running

❸ (1) swim → swimming
(2) write → writing
(3)(4) 主語が複数のとき，be 動詞は are になる。

83 あなたはケーキを作っているところですか。

❶ (1) Are, swimming
(2) Is, practicing
(3) Are, enjoying
(4) What is, doing

❷ (1) Is Mr. Brown taking pictures ?
(2) Misaki is.
(3) Whose bike is Yuji riding ?

❸ (1) Are they running in the park ?
(2) What is Nancy reading ?

解説

❶ (4) do の ing 形 doing を使って表す。

❷ (2) Misaki is helping that old man. を短くして答える。
(3)「ユウジはケンの自転車に乗っています。」の下線部をたずねるので「ユウジはだれの自転車に乗っていますか。」となる。

▶過去形

84 わたしは昨日テニスをしました。

❶ (1) used (2) stopped (3) carried
(4) saw (5) went

❷ (1) came〔went / got〕, last
(2) Did, walk (3) didn't know
(4) When did, clean (5) Who got

❸ (1) Did they speak English well ?
(2) My mother did not〔didn't〕 read this book.
(3) She studied math.

解説

❶ (2) stop の過去形は **p を重ねて ed**。
(3) carry の過去形は **y を i にかえて ed**。

❷ (5) 主語は疑問詞 who なので, 〈Who ＋動詞の過去形〜 ?〉の語順。

❸ (2) 現在の文なら My mother reads 〜 となるはずだから, この read は過去形。

国　語

▶漢字・語句

85 漢字・語句

❶ (1) 編集 (2) 敬 (3) 適当
(4) 正義 (5) 省 (6) ぞうきん
(7) ふさ (8) わ (9) こうばい
(10) いったん

❷ (1) 弱・強 (2) 心・体
(3) 全・欠 (4) 耕・読
(5) 心・心 (6) 都 (7) 宝
(8) 時 (9) 百 (10) 類

解説

❶ (3)「適」は, 字形の似た「摘」「敵」「滴」などがあるので使い分けに注意する。

❷ (4)「晴耕雨読」は,「晴れた日は田畑を耕し, 雨の日は書を読む(勉強する)」から, 悠々《ゆうゆう》自適の生活を送ることを意味する。

86 漢字の成り立ち・部首

❶ (1) エ (2) ウ (3) イ (4) エ
(5) ア (6) イ (7) ウ (8) ア

❷ (音＋意味の順)(1) 青＋日
(2) 門＋口 (3) 中＋心

❸ (1) 独・けものへん
(2) 即・ふしづくり
(3) 容・うかんむり
(4) 盟・さら
(5) 庶・まだれ
(6) 趣・そうにょう
(7) 医・はこがまえ(かくしがまえ)

解説

❶「**会意**」は, 二つ以上の字を組み合わせて, 新しい意味をもたせた漢字のこと。
「**形声**」は, 音を表す部分と意味を表す部分を組み合わせて作られた漢字のこと。

▶文　法

87 言葉の単位

❶ エ→イ→オ→ア→ウ

❷ (1) 4　(2) 6　(3) 7　(4) 5　(5) 7

❸ (1) 私／は／中学生／です。
(2) 今日／の／ニュース／を／見る。
(3) 時／に／は／けんか／も／必要だ。
(4) そうじ／の／手伝い／を／快く／引き受ける。
(5) 波／の／上／で／遊ぶ／水鳥／が／いる。
(6) 階段／で／転び／そうに／なっ／た。
(7) とても／静かな／夜／だっ／た。
(8) 姉／に／解き方／を／教え／て／もらう。
(9) 勤勉な／仕事ぶり／が／認め／ら／れ／た。

解説

❷ (4)「黙っていた」は二文節。

❸ **助詞と助動詞はそれぞれ一つの単語**となるので，区切る必要がある。

88 文の成分

❶ (1) エ　(2) カ　(3) ア　(4) ク　(5) ウ　(6) イ　(7) ケ　(8) オ

❷ (1) 雲が　(2) 考えは　(3) 父は

❸ (1) 来る　(2) 見る　(3) 入手したのに(，)

解説

❶ 二文節以上で，主語や述語などと同じ働きをするものを「〇〇部」という。

89 品詞の分類

❶ (1) ウ　(2) ケ　(3) ア　(4) カ　(5) キ　(6) イ　(7) ク　(8) エ　(9) コ　(10) オ

❷ (1) ア・ウ・エ・オ・ク
(2) ア・イ・エ・オ・キ
(3) ア・イ・エ・オ・キ
(4) ア・イ・エ・オ・キ
(5) ア・オ　(6) ア・オ　(7) ア
(8) ア　(9) カ　(10) イ・カ

解説

❷ (1)下に「だ」などがつかず，名詞だけで述語になる場合もある。たとえば「私は1年生。」など。また，時や数を表す名詞は修飾語になる。たとえば「今日，プールに行く。」など。(2)動詞の連体形は修飾語になる。たとえば「本を読む人」など。また，動詞を含《ふく》め用言は一単語では主語にならない。たとえば「走るのが好き。」という場合，「走る」という動詞に助詞「の」+「が」がついて初めて主語になり得る。「走る好き。」とはいえない。一単語で主語になり得るのは，「私，できません。」のように名詞だけ。

▶現代文

90 小説 ①

❶ (1) (例)アワビをとるため。　(2) ウ
(3) (例)陸の上の曲がった腰からは想像もつかないほど，すっと腰がのびたから。　(4) ウ

解説

❶ (3)「曲がっていた腰《こし》がのびた」と「陸《おか》の上では想像がつかなかった」という内容が含《ふく》まれていれば正解とする。

91 小説 ②

❶ (1) 10
(2) (例)僕の母が残した日記であり，のちに僕に見せなければと思っていたから。

(3) (例)母の日記をびりびりに引き裂いてしまった(こと。)(19字)

解説

❶ (3)「後先考えんこと」とは，のちにどのようになるかを考えずに，そのときの感情で行動してしまうこと。ハルさんは何かが原因で，「僕《ぼく》」の母の日記を引き裂《さ》いてしまったのである。

92 随筆 ①

❶ (1) 命の一滴が
(2) 顔が半分骸～であった。 (3) エ

解説

❶ (1) 体がぼろぼろになり命が燃え尽《つ》きるまで生きている魚の姿を見て、魚は自殺をすることはないと感じたのである。

93 随筆 ②

❶ (1) まるで緑色 (2) イ
(3) すぐに捕まえる(こと。) (4) イ

解説

❶ (4) 設問の部分は，「目の前の青虫を見ていると，子どものころ青虫を手で触《さわ》った感触《かんしょく》がよみがえってくる」を短い表現で述べたもの。

94 説明・論説文 ①

❶ (1) ことばづかい (2) エ (3) ア

解説

❶ (3) 相手とどのような関係にあるかによって，どの程度の距離《きょり》をおくべきかを考える必要があるというのである。

95 説明・論説文 ②

❶ (1) ア (2) ウ (3) 群泳

解説

❶ (1) 牧草が牛や馬のエサになるように，海ではイワシがほかの魚たちのエサになるというのである。

96 説明・論説文 ③

❶ (1) ウ (2) イ (3)「関係の輪
(4) 物語(物語を語ること)

解説

❶ (2) 直前に「だから」があるので，その前に理由が書かれていることがわかる。(4) 最後の一文は，「物語」は内容は変わっていても，母娘《ははむすめ》の関係の在り方のような「関《かか》わりの中の真実」が伝わるということを表している。

97 説明・論説文 ④

❶ (1) きめ細かい表現が足りない(こと。)
(2) 雪に関する語彙 (3) ウ

解説

❶ (1) 傍線部《ぼうせんぶ》のあとから共通語の問題点を述べはじめ，段落の最後でまとめている。

98 説明・論説文 ⑤

❶ (略)

99 詩 ①

❶ (1) イ (2) あした (3) ウ (4) ウ

解説

❶ (1) **定型詩**は，「春のうららの(七音)隅田《すみだ》川《がわ》(五音)……」のように，一定した音数の句が繰《く》り返されてできた詩。それに対して，このようなリズムをもたず，自由に書かれた詩を**自由詩**という。**散文詩**は普《ふ》通《つう》の文章のように，文を続けて書かれた詩である。(3) 最後の行の「であうために」のあとに「どこまでも　とんでいこう」と続くのが普通の形。したがって倒《とち》置《ち》法《ほう》。(4) いつかはなをひらかせる可能性を信じ，あしたという日を希望をもって生きようという作者の気持ちが込《こ》められている。

100 詩 ②

❶ (1) **ア**　(2) **ア・ウ**　(3) **エ**

解説

❶ (1)「～のようだ」や「～みたいだ」，「まるで～」など，たとえるための言葉を用いた比《ひ》喩《ゆ》を直(明)喩，それらの言葉を用いない比喩を隠《いん》(暗)喩《ゆ》という。**ア**が隠喩となっており，傍線部《ぼうせんぶ》と同じ。(3) この詩は四連ではあるが，起承転結の関係にはない。したがって，**エ**が不適切。

▶古　典

101 古　文 ①

❶ (1) **ウ**　(2) ゆえあるべし
(3) 涙がこぼれる　(4) **イ**

解説

❶ (1)「いづくに……あるべし」は，「どこに……あるだろうか」の意。
(3) 古文では，主語を表す「が」が省略されることが多い。ここでも省略されているので「が」を補って口語訳することが必要。
(4) 最後の一文に筆者の言いたい内容が表現されている。

102 古　文 ②

❶ (1) **ウ**　(2)② **ア**　③ **ウ**　(3) **ア**

解説

❶ (1)「あはれなり」は，古文では**ア**の「しみじみと趣《おもむき》深い」の意で用いられることが多いが，ここでは蟻《あり》が水に流されていく様子であるので，**ウ**が正解となる。

103 漢文・漢詩 ①

❶ (1) えがきて　(2) 蛇　(3) **イ**
(4) (例)余計なもの

解説

❶ (2) 蛇《へび》の絵を描《えが》いて，これの足を描くことができるぞといっている。(4)「あっても役に立たない余計なもの」の意で，主となる話のあとに，「これは蛇足《だそく》ですが……」といって話を付け加えるときなどに用いる。

104 漢文・漢詩 ②

❶ (1) **エ**　(2) (例)はるかかなた　(3) **ア**
(4) 霜

解説

❶ (1) 大意の中に「旅ごころ」とあることからも判断できる。(2) 千や万は数が多いことのたとえとして用いられる語。(3) 昔は新しい年を迎《むか》えると，一つ年をとると考えていた。(4)「しらが」は白いことから，「霜《しも》」にたとえられる。